AF451413

PROJET

DE RÉGLEMENT

SUR LES

MANOEUVRES DE L'ARTILLERIE.

PROJET

DE

RÉGLEMENT

SUR LES

MANOEUVRES DE L'ARTILLERIE,

RÉDIGÉ

PAR ORDRE DE S. E. LE MINISTRE DE LA GUERRE.

DEUXIÈME PARTIE DU TITRE II.

MANOEUVRES DE FORCE POUR LES PIÈCES DE BATAILLE.

TITRE IV.

INSTRUCTION SPÉCIALE DU TRAIN.

A METZ,

Chez VERRONNAIS, Imprimeur-Libraire *pour les Troupes de toutes Armes*, place de l'Hôtel-de-ville.

1827.

AVERTISSEMENT.

Extrait du rapport fait à Son Excellence le Ministre de la guerre par la Commission chargée de la rédaction d'un cours de manœuvres d'artillerie.

Les limites qu'il convenait de donner à ce rapport ne permettant pas d'y discuter les modifications de détail qu'il nous paraît utile d'apporter à ce qui existe, ces modifications sont motivées dans des notes qui accompagnent le texte ; nous rendons compte de la même manière du choix que nous avons dû faire lorsque nous avons trouvé dans les méthodes en usage plusieurs moyens pour arriver à un même résultat. Ces notes justificatives sont marquées par des astérisques pour les distinguer de celles qui ont pour objet d'éclaircir ou de développer le texte, lesquelles sont indiquées par des lettres.

Nota. Il a été fait à cette édition, tant dans le texte que dans les planches, les rectifications indiquées par la Commission.

PROJET
DE RÉGLEMENT

SUR LES

MANOEUVRES DE L'ARTILLERIE.

DEUXIÈME PARTIE DU TITRE II.

MANOEUVRES DE FORCE

POUR LES PIÈCES DE BATAILLE.

Art. 81. LE service d'une pièce de bataille peut être interrompu, parce que les roues, la pièce ou l'affût sont mis hors de service; d'où suivent, pour remplacer l'une ou l'autre de ces parties, trois manœuvres principales qui doivent être exécutées par les canonniers de la pièce et avec les seuls agrès dont elle est pourvue.

Pour la première, il faut élever les roues afin de pouvoir les changer;

La seconde exige qu'on descende la pièce de son affût et qu'on monte la nouvelle pièce sur l'affût rendu libre pour la recevoir;

Cette manœuvre peut conduire aussi à transporter la pièce démontée ou celle par laquelle on doit la remplacer;

La troisième manœuvre doit donner les moyens de faire passer la pièce sur un nouvel affût ;

Une bouche à feu, enfin, pouvant être *versée en cage*, il est utile d'indiquer les moyens de la relever (a).

82. Dans toutes les manœuvres qui ont pour objet d'opérer quelque changement sur la pièce, elle sera toujours supposée en batterie, et le seau en aura été détaché (b).

83. Pendant l'exécution de ces manœuvres, l'instructeur veillera, avec le même soin que dans les exercices précédens,

A ce que chaque homme remplisse exactement les fonctions qui lui sont assignées, mais ne s'occupe que de celles-là ;

A ce que tous les mouvemens soient exécutés en silence, et à ce que l'exécution de chaque commandement soit suivie d'une immobilité absolue.

(a) On n'a pas cru devoir indiquer de manœuvre pour dégager une pièce d'un mauvais pas : des cas qui peuvent varier à l'infini ne permettent pas d'employer une méthode uniforme. Quand une pièce est arrêtée par les difficultés du terrain, c'est à l'intelligence des officiers et des sous-officiers à trouver les moyens les plus convenables de les vaincre ; la bonne volonté et le dévouement des canonniers feront ensuite le reste.

(b) Le seau et l'écouvillon seront placés à la droite de la pièce, de manière à ne pas gêner la manœuvre, la brosse de l'écouvillon reposant sur le seau.

ARTICLE PREMIER.

CHANGER LES ROUES.

I.

CANONS. (Pl. XI.) *(c).*

84. L'instructeur commandera :

1. PRÉPAREZ-VOUS A CHANGER (*telle*) ROUE (*celle de* DROITE , *par exemple*),

2. LEVEZ LA PIÈCE,

3. *Attention.* — FERME,

4. CHANGEZ LA ROUE,

5. A — VOS POSTES.

Au premier mouvement,

85. Les seconds servans tirent chacun le levier de manœuvre qui leur présente le gros bout, et le passent, par le petit bout, au premier servant de leur côté; ils assurent ensuite les susbandes.

Les premiers servans pesant sur le bourlet, le pointeur monte la vis de pointage de manière à incliner un peu la volée vers la terre.

(c) La figure 1.ᵉ représente la position des canonniers autour de la pièce et l'exécution du premier commandement;

La figure 2 représente l'exécution des deuxième et troisième commandemens;

Il ne reste qu'à remplacer la roue qui se trouve encore à l'affût par celle que tiennent les troisièmes servans.

Le pointeur-servant prend le levier de pointage de son côté (*d*).

Le troisième et le quatrième de gauche s'appliquent à la sassoire et soulèvent l'avant-train (*e*).

Le troisième et le quatrième de droite enlèvent la roue de leur côté ; le troisième la conduit, par la droite, à la tête de l'affût et l'y place, le gros bout du moyeu en dehors, appuyée à la tête du flasque et à la roue voisine (*f*).

Les autres servans de l'avant-train se portent à la pièce, le troisième de gauche à un pas du pointeur, le quatrième à un pas du troisième, et le quatrième de droite à hauteur du quatrième de gauche, les servans de chaque côté sur le même alignement.

Le troisième de droite, après avoir déposé la roue, vient se placer entre le pointeur-servant et le quatrième.

Au deuxième commandement,

86. Les premiers servans se placent à la volée, comme pour changer d'encastrement, les seconds et troisièmes se portent à leur secours.

Le pointeur-servant passe son levier sous la volée, un peu en arrière de l'astragale ; le poin-

---

(*d*) Les hommes armés de leviers les tiennent ainsi qu'il a été prescrit à la manœuvre du changement d'encastrement (29).

(*e*) Les troisièmes servans enlèvent d'abord le coffret, afin de diminuer le poids de l'avant-train.

(*f*) Si l'on voulait prendre la roue gauche, les troisième et quatrième servans de ce côté seraient chargés des fonctions attribuées ici aux troisième et quatrième de droite, et réciproquement.

teur et les quatrièmes se portent à ce levier, les quatrièmes en dehors.

Le chef de pièce s'approche de la roue de l'avant-train et se tient prêt à la placer.

Au troisième commandement,

87. Tous, faisant effort, soulèvent la pièce et l'affût, et, aussitôt qu'il est possible, le chef de pièce avance la roue de l'avant-train et la place sous la volée contre la tête des flasques, ou sous la tête même des flasques, si le terrain enfonce.

Les premiers servans, appuyant leurs leviers contre la tête des flasques, se portent, ainsi que les seconds, à la roue de leur côté et la saisissent, soit pour l'enlever, soit pour maintenir l'affût.

Le pointeur-servant ôte l'esse et la flotte à crochet (*g*).

Les troisièmes vont chercher la roue de rechange, celui qui a amené la roue d'avant-train se plaçant vers la tête du flasque.

Le pointeur et les quatrièmes retournent à leurs postes.

Au quatrième commandement,

88. Le premier et le deuxième de droite enlèvent la roue.

Les troisièmes la remplacent par celle qu'ils ont apportée.

Le pointeur-servant replace la flotte à crochet et l'esse.

Les premiers servans reprennent leurs leviers.

(*g*) Si l'on changeait la roue gauche, le pointeur serait chargé d'ôter et de replacer l'esse, comme le fait ici le pointeur servant pour la roue de son côté.

1 *

Au cinquième commandement,

89. Les premiers servans embarrent sous le devant des roues, les poussent en arrière, et l'affût s'établit sur ses nouvelles roues.

Les troisièmes retournent à l'avant-train, celui de droite y ramenant la roue, qu'on replace de la même manière qu'on l'a ôtée.

Les deuxièmes servans replacent les leviers des premiers.

Le pointeur-servant remet le sien dans l'anneau de pointage.

Tous reprennent leurs postes.

90. *OBSERVATION.* Cette manœuvre s'exécute sur les pièces servies par huit hommes en y introduisant les modifications suivantes :

Les seconds servans, après avoir rempli leurs propres fonctions, sont chargés de celles attribuées aux quatrièmes.

Le pointeur se porte seul au levier placé en travers sous la volée.

II.

OBUSIERS. (Pl. XII.) (*h*).

91. L'instructeur commandera :

    1. POUR CHANGER (*telle*) ROUE (*celle de*
        DROITE, *par exemple*), AMENEZ
        L'AVANT-TRAIN,

(*h*) La figure 1.ʳᵉ représente la position préparatoire des canonniers et l'exécution du premier commandement;

La figure 2 représente l'exécution des deuxième et troisième commandemens;

Il reste à remplacer la roue par celle que tiennent les troisièmes servans.

2. LEVEZ L'OBUSIER,

3. *Attention* — FERME,

4. CHANGEZ LA ROUE,

5. A — VOS POSTES.

Au premier commandement,

92. Le second servant de gauche cale la roue de son côté.

Le pointeur prend un levier de pointage (*k*).

Les troisièmes servans, placés au timon, et les quatrièmes aux roues, amènent l'avant-train et le reculent pour engager la sassoire sous la tête des flasques, en disposant les roues de manière à laisser en dehors la roue droite de l'affût.

Les troisièmes servans élevant le timon, le pointeur engage le gros bout de son levier entre la sassoire et la tête du flasque droit.

Au deuxième commandement,

93. Les troisième et quatrième servans se portent au bout du timon, les premier et deuxième de gauche vont à leur secours, tous se plaçant suivant l'ordre de leur numéro.

Au troisième commandement,

94. Tous, pesant sur le timon, élèvent l'obusier : dans cette position, les quatrièmes, le premier et le deuxième, placés au timon, continuent à le maintenir.

Les troisièmes vont chercher la roue de rechange.

______

(*k*) Ce serait le pointeur-servant si l'on voulait changer la roue gauche.

Les premier et deuxième de droite sáisissent la roue, prêts à l'enlever.

Le pointeur-servant ôte l'esse et la flotte à crochet (*Note g*).

Au quatrième commandement,
95. Les premier et deuxième de droite enlèvent la roue.

Les troisièmes la remplacent par celle qu'ils ont apportée.

Le pointeur-servant replace la flotte à crochet et l'esse.

Au cinquième commandement,
96. Les troisièmes servans retournent à l'avant-train et le reconduisent à sa place, aidés des quatrièmes.

Tous reprennent leurs postes, le pointeur remettant son levier.

ARTICLE II.

CHANGER LA PIÈCE.

I.

CANONS.

Descendre une pièce de son affût.
(Pl. XIII.) (*a*).

97. L'instructeur commandera :
1. Préparez-vous a descendre la
     pièce ,

(*a*) La figure 1.ʳᵉ représente la position préparatoire des canonniers et l'exécution du premier commandement;
La figure 2 représente l'exécution du second commandement;
Il reste à faire effort pour renverser la pièce.

2. DESCENDEZ LA PIÈCE,

3. — *Attention* — FERME,

4. A — VOS POSTES.

Au premier commandement,

98. Les seconds servans passent aux premiers chacun un des leviers de manœuvre; ils lèvent ensuite les susbandes et calent les roues.

Les premiers servans pesant sur la volée, le pointeur lève la vis de pointage de toute sa hauteur (*b*).

Les troisièmes détachent la prolonge, la doublent et la portent en avant de la pièce, en passant par la droite; le troisième de droite, tenant le milieu, le remet au pointeur, qui le fixe au bouton de culasse par un nœud d'artificier (*c*).

Les troisièmes servans tendent chacun un brin de la prolonge, en se plaçant sur l'alignement des servans de leur côté.

Au deuxième commandement,

99. Le pointeur et le pointeur-servant détachent chacun un levier de pointage, les posent près d'eux

---

(*b*) Lorsqu'on exécutera cette manœuvre sur une pièce de 12, le pointeur-servant fera en terre un trou d'un pied de profondeur, à 12 pouces environ de la tête de l'affût; le bourlet, en se logeant dans cette excavation, fera prendre à la pièce une position telle qu'elle cédera sans difficulté à l'effort de la prolonge.

(*c*) Pour faire le *nœud d'artificier*, il faut: 1.º former une boucle de chaque main, l'une en-dessous, l'autre en-dessus du milieu du cordage; 2.º placer sur la boucle dont le bout libre est en-dessus celle dans laquelle il est en-dessous; 3.º engager le bouton dans l'anneau formé par la réunion des deux boucles, et serrer (Pl. XXVI).

(*d*) et se portent aux crosses ; les seconds s'y portant également, tous quatre les soulèvent, et on les soutient au moyen des leviers que le pointeur et le pointeur-servant placent successivement sous les flasques, le petit bout à terre.

Les premiers servans embarrent derrière les tourillons.

Les quatrièmes vont saisir chacun le brin de prolonge de leur côté et s'y placent derrière les troisièmes.

Les deuxièmes servans se portent à la prolonge en avant des troisièmes.

Le pointeur et le pointeur-servant, restés seuls aux crosses, les maintiennent en tenant le levier de la main intérieure et le double crochet de l'autre main.

Au troisième commandement,

100. Les hommes placés à la prolonge et les premiers servans, agissant ensemble, renversent la pièce.

Les seconds servans vont aider à poser les crosses à terre.

Au quatrième commandement,

101. Les seconds servans remettent les susbandes, et replacent dans les anneaux de manœuvre les leviers des premiers.

Le pointeur et le pointeur-servant remettent les leurs dans les anneaux de pointage.

Les troisièmes servans détachent la prolonge et

(*d*) Dans le prolongement des flasques, le gros bout près de la crosse.

la reportent à l'avant-train, en passant par la droite.

Tous reprennent leurs postes.

Monter une pièce sur son affût.

(Pl. XIV.) (*e*).

102. L'instructeur commandera :

1. PRÉPAREZ - VOUS A MONTER LA PIÈCE (*f*),
2. DRESSEZ LA PIÈCE,
3. *Attention* — FERME,
4. PLACEZ LA PIÈCE,
5. A — VOS POSTES.

Au premier commandement,

103. Les seconds servans passent aux premiers chacun un des leviers de manœuvre, ils lèvent ensuite les susbandes.

Le pointeur et le pointeur-servant prennent chacun un levier de pointage (*g*).

(*e*) La figure 1.re représente l'exécution des premier et deuxième commandemens ;

La figure 2 représente l'exécution des troisième et quatrième commandemens ;

Il reste à abattre la pièce et à descendre les crosses.

(*f*) On suppose la pièce tournée sur ses anses ; s'il en était autrement, il faudrait la faire mettre dans cette position avant de commencer la manœuvre.

(*g*) Lorsqu'on exécutera cette manœuvre sur une pièce de 12, le pointeur-servant fera en terre un trou de 12 pouces

Les troisièmes détachent la prolonge, la doublent et la portent en avant de la pièce.

Les six premiers servans se placent à la volée, dans la position du changement d'encastrement, et, la soulevant, le pointeur passe son levier en travers sous les anses; ils débarrent ensuite, et le premier de gauche pose son levier derrière lui.

Le troisième servant de droite remet le milieu de la prolonge au pointeur, qui l'arrête au bouton de culasse par un nœud d'artificier.

Le premier de droite passe son levier en croix sous le bouton, en l'engageant par le petit bout dans le nœud d'artificier.

Les troisièmes tendent les brins de la prolonge, en se plaçant vers leur extrémité et à environ trois pas l'un de l'autre.

Au deuxième commandement,

104. Les premiers et seconds servans se placent au levier passé sous le bouton, les seconds en dehors.

Le pointeur-servant met son levier en travers sous le premier renfort; le pointeur et les quatrièmes se portent avec lui à ce levier, les quatrièmes en dehors.

Au troisième commandement,

105. Les hommes placés aux leviers agissent pour lever la culasse; dès qu'elle est arrivée à

---

de profondeur et entaillera la partie postérieure de cette excavation pour y préparer un logement à la volée, afin que le bourlet puisse immédiatement se placer au milieu du trou. Cette disposition diminuera la difficulté d'élever la pièce, et les tourillons se présenteront à une hauteur convenable pour être saisis par les encastremens.

hauteur de ceinture, les troisièmes joignent leur effort à celui des autres servans en tirant sur la prolonge.

La pièce étant encore élevée par un nouvel effort, les quatrièmes se portent vivement à la prolonge et s'y placent en arrière des troisièmes;

Le pointeur et le pointeur-servant abandonnent leur levier, saisissent les anses; et, agissant de l'épaule et des bras, on achève de dresser la pièce sur sa bouche.

Le premier servant de droite dégage alors son levier, saisit l'anse de son côté de la main voisine de la pièce et le nœud de l'autre main; le premier de gauche se plaçant de la même manière, tous deux maintiennent la pièce à l'aide des seconds servans.

Au quatrième commandement,

106. Le pointeur et le pointeur-servant reprennent leurs leviers, se portent à l'affût et les passent dans les anneaux de pointage.

Les troisièmes et les quatrièmes s'y portent également, et tous six, s'appliquant *à bras en avant*, amènent l'affût à 12 pouces en avant de la pièce (*h*).

Les troisièmes calent les roues et vont saisir les brins de prolonge.

Le pointeur et le pointeur-servant détachent les leviers de pointage, les posent à terre, lèvent les

---

(*h*) Les quatrièmes servans se placent avec le pointeur et le pointeur-servant aux leviers de pointage; les troisièmes font effort aux roues.

crosses à l'aide des quatrièmes servans, et les soutiennent ensuite au moyen des leviers.

Les troisièmes servans tirant alors sur la prolonge, les hommes qui maintiennent la pièce la
dirigent pour faire descendre les tourillons derrière les chevilles à tête plate.

On ramène les crosses à terre, les premiers
servans appuyant sur la volée pour empêcher
qu'elles ne tombent brusquement.

Les premiers servans reprennent leurs leviers et
embarrent pour faire descendre les tourillons dans
leurs encastremens, s'ils n'y sont pas parvenus.

Au cinquième commandement,

Comme au n.° 101.

107. *OBSERVATION.* Lorsque cette manœuvre s'applique aux pièces de 6 et de 4,
elle s'exécute avec les modifications suivantes:

Le pointeur-servant ne met pas de levier sous
le renfort; il se place, ainsi que le pointeur, à
hauteur des tourillons, et tous deux font effort,
d'abord à la prolonge et ensuite aux anses.

Les premiers servans suffisant pour maintenir
la pièce sur sa bouche, les seconds se joignent
aux hommes qui vont chercher l'affût, et plus
tard aident à lever et à baisser les crosses.

II.

OBUSIERS.

Descendre un obusier de son affût.

108. Cette manœuvre s'exécute de la même

manière que celle décrite pour les canons (97 et Pl. XIII); mais le bouton de culasse étant trop peu saillant pour recevoir le nœud d'artificier, le pointeur, pour y fixer la prolonge, forme une boucle qu'il assure en tournant les brins deux ou trois fois l'un sur l'autre.

L'effort des troisièmes et quatrièmes servans étant suffisant à la prolonge, les seconds restent aux crosses après les avoir levées, jusqu'au moment où ils doivent aider à les poser à terre.

Monter un obusier sur son affût.

(Pl. xv.) (*k*).

109. L'instructeur commandera :

    1. PRÉPAREZ-VOUS A MONTER L'OBUSIER,

    2. MONTEZ L'OBUSIER,

    3. *Attention* — FERME,

    4. PLACEZ L'OBUSIER,

    5. A — VOS POSTES.

Au premier commandement,

110. Les seconds servans donnent aux premiers chacun un levier de manœuvre ; ils lèvent ensuite les susbandes.

Le pointeur et le pointeur-servant prennent chacun un levier de pointage.

(*k*) La figure 1.re représente la position préparatoire des canonniers, et l'exécution du premier commandement;

La figure 2 représente l'exécution du deuxième commandement ; la figure 3, celle des troisième et quatrième;

Il reste à élever l'avant-train pour présenter les tourillons aux encastremens, et ensuite à descendre les crosses.

Les premiers, les seconds, le pointeur et le pointeur-servant se portent à l'obusier; les hommes armés de leviers les posent derrière eux, excepté le premier de droite qui passe le sien en croix sous le bouton de culasse; le premier de gauche et les seconds servans se placent à ce levier, les seconds en dehors.

Le pointeur et le pointeur-servant, à hauteur des tourillons, face à l'obusier, se tiennent prêts à saisir les anses.

A l'avertissement FERME, *fait à voix basse par le pointeur,* tous, faisant effort, dressent l'obusier sur la bouche, les anses en avant, le premier servant de droite le maintient dans cette position; le premier de gauche, le pointeur et le pointeur-servant reprennent leurs leviers.

Au deuxième commandement,

111. Les premiers servans mettent leurs leviers en travers sous les tourillons, les seconds en saisissent le gros bout.

Le pointeur passe le sien en travers sous ceux des premiers, derrière l'obusier; le pointeur-servant dispose le sien de la même manière en avant, les quatrièmes se portent à leur secours au gros bout des leviers.

Les troisièmes servans amènent l'avant-train, la sassoire à deux pas de l'obusier, et calent les roues.

Au troisième commandement,

112. On enlève l'obusier, le pointeur le maintenant avec la main droite placée au bouton, et on le porte à l'avant-train, les premiers servans

se plaçant entre les armons et les roues (*l*).

Les troisièmes reçoivent la bouche de l'obusier sur le milieu de la sassoire, en élevant le timon et le baissant ensuite avec précaution pour le placer horizontalement.

Les premiers servans abandonnent leurs leviers, que les seconds posent à terre, et maintiennent l'obusier en tenant chacun, d'une main l'anse de leur côté, et de l'autre le bouton de culasse.

Les seconds, les quatrièmes, le pointeur et le pointeur-servant se portent à l'affût, et ces derniers, passant leurs leviers dans les anneaux de pointage, tous six s'appliquent *à bras en avant* et amènent l'affût à 18 pouces de l'avant-train (106, *note h*).

Le pointeur et le pointeur-servant dégagent alors leurs leviers et les posent à terre.

Au quatrième commandement,

113. Les hommes placés aux crosses les élèvent et les maintiennent avec leurs leviers.

Les troisièmes servans lèvent en même temps le bout du timon, et les premiers, dirigeant l'o-busier, font tomber les tourillons derrière les chevilles à tête plate.

On pose les crosses à terre.

Les quatrièmes servans se portent à l'avant-train, décalent les roues et aident les troisièmes à le faire avancer de quelques pas.

Les premiers servans reprennent leurs leviers

(*l*) Avant de prendre cette position, ils doivent appuyer le petit bout des leviers sur la sassoire, afin de les maintenir sous les tourillons.

et embarrent pour faire arriver les tourillons dans leurs encastremens, si déjà ils n'y sont parvenus.

Au cinquième commandement,

114. Les seconds servans remettent les sus-bandes et placent dans les anneaux de manœuvre les leviers des premiers.

Le pointeur et le pointeur-servant passent les leurs dans les anneaux de pointage.

Les troisièmes emmènent l'avant-train.

Tous reprennent leurs postes.

ARTICLE III.

TRANSPORTER LA PIÈCE.

I.

CANONS DE 12 OU DE 8. (Pl. XVI.) (a).

115. L'instructeur commandera : (b)

    1. PRÉPAREZ-VOUS A TRANSPORTER LA PIÈCE,

    2. BRÊLEZ LA PIÈCE,

    3. EN AVANT,

    4. MARCHE.

Au premier commandement,

116. La pièce étant placée les anses en-dessus,

(a) La figure 1.ʳᵉ représente la position préparatoire des canonniers et l'exécution du premier commandement;

La figure 2 représente l'exécution des deuxième et troisième commandemens : les canonniers sont prêts à marcher.

(b) Les canonniers placés autour de la pièce, avant de comles troisièmes servans, aidés des quatrièmes, amènent l'avant-train et le disposent : le timon dans le prolongement de la pièce, le derrière des anses correspondant au devant de l'essieu, le bouton de culasse vers la sassoire.

Les seconds servans calent les roues.

Les troisièmes détachent la prolonge et la doublent ; celui de droite en présente le milieu au pointeur, qui l'arrête à la cheville ouvrière par un nœud d'artificier ; il en sépare ensuite les deux brins, laissant l'un en arrière et ramenant l'autre en avant.

Le pointeur et le pointeur-servant passent ensuite à hauteur de la tête des armons, chacun de son côté.

Tous les servans se réunissent au timon (93), le deuxième de gauche y portant un levier.

Au deuxième commandement,

117. Le timon posant à terre, le pointeur, aidé du pointeur-servant, fait un tour de prolonge en avant des armons, passe le brin sous la volée, enveloppe de nouveau le timon et brêle ensuite la pièce en passant la prolonge alternativement sous la volée et derrière la cheville ouvrière ; il réunit enfin les deux parties du brelage

---

mencer la manœuvre, y occuperont des places analogues à celles qui leur sont indiquées lorsque la pièce est sur l'avant-train, c'est-à-dire, les premiers servans à droite et à gauche, à hauteur de la bouche et à 18 pouces en dehors de l'alignement des tourillons ; les seconds à un pas des premiers, et ainsi de suite ; la droite et la gauche de la pièce étant, encore dans cette position, respectivement la droite et la gauche de l'homme placé à la culasse et regardant vers la bouche.

en les embrassant plusieurs fois avec le bout resté libre et l'arrête par un demi-nœud allemand (c).

Le pointeur et le pointeur-servant passent ensuite en arrière.

On élève le timon jusqu'à ce que le corps d'essieu touche le premier renfort immédiatement derrière les anses (d), et le deuxième servant de gauche l'arrête au moyen de son levier qu'il pose le petit bout à terre et qu'il maintient de la main droite, la gauche se plaçant au timon.

Le pointeur brêle la culasse en faisant passer le brin successivement de la cheville ouvrière au bouton, et arrête le brêlage de la même manière qu'il a arrêté celui de la volée (e).

On retire le levier et on baisse le timon.

Au troisième commandement,

118. Le deuxième servant de gauche place son levier en galère au bout du timon ; le deuxième de droite et les troisièmes s'appliquent avec lui à ce levier (ᵍ).

Les premiers servans se placent en arrière de la sassoire,

(c) Pour faire le *demi-nœud allemand*, il faut engager le bout libre sous le brin qui forme le dernier tour, le ramener en-dessus et serrer (Pl. XXVI).

(d) En élevant le timon, les servans qui y sont placés doivent avoir soin de le diriger un peu obliquement, afin d'empêcher que la queue de la cheville ouvrière ne s'appuie sur la partie la plus élevée du second renfort.

(e) Si la pièce doit faire un long trajet, afin de l'empêcher de heurter les roues dans les secousses que peuvent occasionner les mauvais chemins, on fixera le brêlage au milieu de la sassoire en l'arrêtant à l'un et à l'autre armon au moyen de menus cordages.

Le pointeur et le pointeur-servant, aux roues ;
Les quatrièmes aux palonniers.
(Si l'on doit conduire la pièce avec des chevaux, on les attèle à ce commandement).

Au quatrième commandement,

119. Tous les servans font effort, ou l'on fait tirer l'attelage.

I I.

CANONS DE 6 OU DE 4. (Pl. XVII.) (*f*).

Au premier commandement,

120. On dresse la pièce sur sa bouche (107) ;
Les troisièmes servans amènent l'avant-train, la sassoire près de la pièce, et ils élèvent le timon, autant qu'il est possible, sans cesser d'en rester maîtres.

Les seconds, placés aux roues, les reculent avec précaution jusqu'à ce que la sassoire touche la volée ; ils calent l'avant-train dans cette position et vont saisir les brins de prolonge qu'ils portent en arrière.

Au deuxième commandement,

121. Le pointeur, aidé du pointeur-servant, brêle la volée à la sassoire, au moyen d'un trait à canon, d'une longe ou d'un morceau de mèche ;

(*f*) La figure 1.re représente l'exécution du premier commandement ;

La figure 2 celle des deuxième et troisième commandemens : les canonniers sont prêts à marcher.

2

ils se portent ensuite aux brins de prolonge.

A l'avertissement FERME, fait par le pointeur, les premiers servans poussent la pièce, les hommes placés à la prolonge la soutiennent, et, les troisièmes servans baissant en même temps le timon, elle s'établit sur l'avant-train.

Le pointeur brêle les anses à la cheville ouvrière et la culasse à la tête des armons.

Les troisièmes servans détachent la prolonge et la placent sur la sellette, roulée autour de la cheville ouvrière.

Au troisième commandement,

Comme au n.° 118.

Au quatrième commandement,

Comme au n.° 119.

I I I.

OBUSIERS. (Pl. XVII.) (g).

Au premier commandement,

122. L'obusier étant placé sur ses anses, les premiers servans et le pointeur-servant prennent chacun un levier; les premiers embarrent en croix sous la volée et le pointeur-servant passe son levier sous les anses.

Les troisièmes amènent l'avant-train, placent la sassoire parallèlement à l'obusier et élèvent le timon (120).

(g) La figure 3 représente l'exécution successive des trois premiers commandemens.

Les quatrièmes calent les roues.

Les premiers servans passent leurs leviers, le petit bout vers la sassoire, l'un sous la volée, l'autre sous le bouton de culasse, chacun se plaçant du côté de la file à laquelle il appartient.

Les seconds se portent à leur secours, au gros bout des leviers.

Le pointeur et le pointeur-servant se placent l'un à la bouche, l'autre au bouton de culasse.

A l'avertissement FERME, fait par le pointeur, les quatre servans élèvent l'obusier, et les premiers posent le petit bout des leviers sur la sassoire.

Le pointeur et le pointeur-servant maintiennent l'obusier et dirigent son placement; lorsque les leviers reposent sur la sassoire, ils saisissent les anses pour les faire passer en-dessus, et, les troisièmes baissant le timon, l'obusier glisse sur les armons.

Les premiers servans reprennent leurs leviers.

Au deuxième commandement,

123. Les premiers servans font appuyer l'obusier contre la sellette ;

Le pointeur l'arrête dans cette position **en brêlant** les anses à la cheville ouvrière.

Au troisième commandement,

Comme au n.° 118.

Au quatrième commandement,

Comme au n.° 119.

ARTICLE IV.

CHANGER L'AFFUT.

I.

CANONS (a).

124. L'instructeur commandera :

1. PRÉPAREZ-VOUS A DRESSER LA PIÈCE POUR CHANGER L'AFFUT,

2. DRESSEZ LA PIÈCE,

3. *Attention* — FERME,

4. CHANGEZ L'AFFUT,

5. A — VOS POSTES.

Au premier commandement,

Comme au n.° 98.

Au deuxième commandement,

Comme au n.° 99.

Au troisième commandement,

125. Les hommes placés à la prolonge et les premiers servans agissent ensemble avec précaution pour dresser la pièce sur sa bouche ; aussitôt que les tourillons sont dégagés des encastremens, les premiers servans posent leurs leviers à terre et se portent à la pièce afin de la maintenir, saisissant, à cet effet, les anses avec la main intérieure et le nœud d'artificier de la main extérieure.

(a) Toutes les circonstances de cette manœuvre se trouvent représentées dans les planches XIII et XIV.

Les seconds servans se portent au secours des premiers, dès que la pièce est dressée.

Les quatrièmes, aux pièces de gros calibre, vont aider le pointeur et le pointeur-servant à poser les crosses à terre, et ces derniers remettent les leviers dans les anneaux de pointage.

Au quatrième commandement,

126. Les quatre premiers servans continuant à maintenir la pièce, les hommes de la prolonge et des crosses s'appliquent *à bras en arrière* et éloignent l'affût; ils se portent ensuite à l'affût de rechange et l'amènent, *à bras en avant,* dans la position qu'occupait le premier.

Les troisièmes servans calent les roues et se portent à la prolonge.

Le pointeur et le pointeur-servant détachent chacun un levier de pointage et les posent à terre (99 *note d*).

Les hommes qui ont baissé les crosses de l'affût précédent, élèvent celles du nouvel affût et les arrêtent avec les leviers.

Les troisièmes servans soutenant alors à la prolonge, ceux qui maintiennent la pièce la poussent et la dirigent pour faire arriver les tourillons derrière les chevilles à tête plate.

On ramène ensuite les crosses à terre (106).

Au cinquième commandement,

127. Les seconds servans replacent d'abord les susbandes du nouvel affût; ils vont ensuite remettre celles de l'ancien et y reportent les leviers des premiers servans qu'ils replacent, ainsi que les leviers de pointage, dans l'anneau carré porte-leviers.

Les troisièmes détachent la prolonge et la reportent à l'avant-train.

Tous reprennent leurs postes.

I I.

OBUSIERS (b).

128. L'instructeur commandera :

   1. PRÉPAREZ-VOUS A PRESSER L'OBUSIER POUR CHANGER L'AFFUT,

   2. DRESSEZ L'OBUSIER ,

   3. *Attention* — FIRME,

   4. CHANGEZ L'AFFUT,

   5. A — VOS POSTES.

Au premier commandement,

129. Les seconds servans passent aux premiers chacun un des leviers de manœuvre ; ils lèvent ensuite les susbandes et calent les roues.

Les troisièmes servans détachent la prolonge, la doublent, et celui de droite en remet le milieu au pointeur, qui en forme une boucle dans laquelle il engage le bouton de culasse.

Les premiers servans posent leurs leviers à terre, et se placent entre les roues et la tête des flasques.

Retournant ensuite à l'avant-train, les troisièmes servans, aidés des quatrièmes, l'amènent en avant

---

(b) Toutes les circonstances de cette manœuvre se trouvent représentées dans la figure 3 de la planche XV.

de l'affût et l'y placent roue contre roue et le timon dans le prolongement de l'obusier.

Les quatrièmes calent les roues.

Au deuxième commandement,

130. Le pointeur et le pointeur-servant détachent chacun un levier de pointage, les posent à terre et se portent aux crosses; les deuxièmes et les quatrièmes s'y portant également, tous six les soulèvent et on les maintient au moyen des leviers.

Les premiers servans saisissent le bouton de la main intérieure et les anses de la main extérieure.

Le pointeur et le pointeur-servant restant seuls aux crosses, les deuxièmes et quatrièmes se portent aux brins de prolonge, placés en avant de l'affût.

Les troisièmes servans lèvent le timon pour engager la sassoire sous la bouche de l'obusier.

Au troisième commandement,

131. Les premiers servans et ceux de la prolonge agissent ensemble avec précaution pour faire sortir les tourillons des encastremens, les troisièmes servans baissant en même temps le timon pour faire porter l'obusier sur la sassoire.

Lorsqu'il y est appuyé, les quatrièmes servans abandonnent la prolonge, décalent les roues de l'avant-train, les font avancer d'environ quinze pouces pour dégager de la tête des flasques la plate-bande de la bouche, et calent les roues de nouveau.

Les deuxièmes et quatrièmes servans vont aider le pointeur et le pointeur-servant à poser les crosses à terre, et ces derniers remettent leurs leviers dans les anneaux de pointage.

Au quatrième commandement,

132. Les premiers servans maintiennent l'obusier et les troisièmes soutiennent le timon.

Les hommes placés aux crosses éloignent l'ancien affût et le remplacent par le nouveau, comme aux canons (126).

On place l'obusier (113).

Au cinquième commandement,

Comme aux canons (127).

On emmène l'avant-train.

ARTICLE V.

RELEVER UNE PIÈCE VERSÉE EN CAGE.

(Pl. XVIII.) (*a*).

133. L'instructeur commandera :

1. PRÉPAREZ-VOUS A RELEVER LA PIÈCE,

2. RELEVEZ LA PIÈCE,

3. *Attention* — FERME,

4. A — VOS POSTES.

Au premier commandement,

134. Les premiers servans pèsent sur le bourlet pour baisser la volée.

Les seconds assurent les susbandes. (*b*)

(*a*) La figure 1.ʳᵉ représente l'exécution des premier et second commandemens;

La figure 2 représente l'exécution du troisième commandement.

(*b*) Souvent, lorsque les clavettes n'ont pas de lanières, elles sont chassées hors de la tête des chevilles par la secousse qui résulte de la chute de la pièce, et, les susbandes se levant

Le pointeur, aidé du pointeur-servant, fixe.le bouton de culasse aux flasques au moyen de traits à canon ou de bouts de mèche.

Le premier servant de droite, à l'aide du second, détache les leviers : deux sont déposés en avant de la pièce, les deux autres sont distribués au premier servant de gauche et au pointeur, si l'on doit relever la pièce à droite, et réciproquement au premier de droite et au pointeur-servant pour la relever à gauche.

Le premier servant de gauche prend l'écouvillon et le dépose en avant de la pièce ; le second enlève le seau et le porte près de l'écouvillon (82, *note b*).

Les troisièmes servans détachent la prolonge, la doublent, et la portent à hauteur de la roue sur laquelle on doit relever la pièce.

Au deuxième commandement,

135. Les troisièmes servans appliquent sur le

---

alors, les tourillons sortent de leurs encastremens ; on emploie le moyen suivant pour les y replacer, avant de commencer la manœuvre :

Le pointeur-servant passe son levier sous les anses obliquement et par le gros bout (103) ;

Les premiers et deuxièmes servans pesant sur la volée, les troisièmes placent une grosse pierre sous le premier renfort, ou, à défaut de tout autre moyen, ils enlèvent une roue de l'avant-train, dont ils engagent le moyeu sous le bouton de culasse ;

Le pointeur et les quatre premiers servans disposent l'affût de manière à ce que les tourillons correspondent à leurs encastremens ;

Les six premiers servans se placent ensuite à la volée, comme pour changer d'encastrement, et soulèvent la pièce ;

Lorsque les tourillons sont arrivés dans leurs encastremens, le pointeur et le pointeur-servant replacent les susbandes et assurent les clavettes.

2 *

moyeu le milieu de la prolonge et en font passer les brins, chacun de leur côté, entre les rais inférieurs de la roue; le second servant du côté opposé et le pointeur (ou le pointeur-servant) reçoivent chacun un des brins, les font également passer entre les rais inférieurs, les ramènent par-dessus la roue et les remettent aux troisièmes de qui ils les ont reçus.

Tous les hommes du côté où se trouve la prolonge s'y portent avec les troisièmes servans, le premier et le second au brin placé vers la volée, le quatrième et le pointeur (ou le pointeur-servant) à celui vers la culasse.

De l'autre côté, les hommes armés de leviers embarrent sous la roue; le second et le quatrième se portent à leur secours, chacun au levier dont il est voisin.

Au troisième commandement,

136. Tous font effort à la prolonge et aux leviers, dès qu'on cesse d'agir efficacement dans cette dernière position, le deuxième et le quatrième, qui y étaient placés, saisissent la roue et continuent à la lever.

On élève la pièce sur l'essieu, et les hommes de la prolonge se reprennent quand elle y est parvenue.

Le premier servant et le pointeur (ou le pointeur-servant) se portent aux crosses pour les diriger dans leur chute.

Le deuxième et le quatrième servans vont se réunir aux hommes placés à la prolonge.

L'instructeur répétant alors le commandement *Attention* — Ferme, tous font un nouvel effort qui ramène la pièce sur ses roues.

Au quatrième commandement,

137. Le pointeur détache le bouton de culasse.

Les premiers et seconds servans, suivant leur côté, replacent le seau, l'écouvillon et les leviers.

Les troisièmes dégagent et rattachent la prolonge.

On remet l'avant-train.

138. *Nota.* Lorsque cette manœuvre sera exécutée pour l'instruction, afin de ne pas fatiguer inutilement l'affût, on renversera d'abord la pièce (97), et ensuite l'affût en élevant les crosses et les amenant, par-dessus l'essieu, du côté opposé à celui où elles étaient d'abord placées. On se trouvera dans le cas, précédemment prévu, où la chute aurait séparé la pièce de l'affût.

La manœuvre qu'on a décrite fatiguant beaucoup les roues et l'essieu, toutes les fois que la nature du terrain ou toute autre circonstance ne la rendra pas indispensable, il sera préférable de lever les sushandes pour laisser tomber la pièce, de retourner l'affût, ainsi qu'il vient d'être dit, et de monter ensuite la pièce par la manœuvre indiquée au n.° 102.

139. *OBSERVATION.* Les efforts des servans seraient sinon insuffisans, du moins extrêmement pénibles pour relever une pièce de 12, et il convient d'y suppléer en se servant de l'attelage, dont on fait usage de la manière suivante :

On établit l'avant-train perpendiculairement à la pièce du côté où il faut la relever, et, après avoir disposé la prolonge ainsi qu'il est indiqué ci-dessus, les troisièmes servans en portent les brins à l'avant-train et les y fixent, chacun à l'armon de son côté, par un nœud allemand (c).

On fait tirer l'attelage, et, l'effort des chevaux étant ainsi substitué à celui des hommes précédemment placés à la prolonge, la manœuvre s'exécute de la même manière.

(c) Pour faire ce nœud, il faut: 1.º passer le petit bout du cordage par-dessous le brin qui doit être tendu; 2.º engager le premier bout dans la boucle qui se trouve alors formée, en le ramenant par-dessus le brin le plus long, et le faire tourner entièrement sur lui-même dans la partie de la boucle opposée à celle par laquelle il est entré. (Pl. XXVI.)

TITRE IV.

INSTRUCTION SPÉCIALE DU TRAIN.

Objet et division de l'instruction.

L'INSTRUCTION spéciale du train a pour objet d'enseigner aux soldats de ce corps la manière de conduire les voitures, de vaincre les obstacles qui peuvent se présenter dans les marches, de tirer le meilleur parti possible des chevaux qui leur sont confiés; elle les préparera à exécuter avec précision et célérité les manœuvres des batteries de campagne.

Elle se divise en deux parties :

Première, *École du soldat du train,*

Seconde, *Instruction sur la conduite des voitures.*

PREMIÈRE PARTIE.

ÉCOLE DU SOLDAT DU TRAIN.

L'École du soldat du train exigeant que l'homme de recrue ait reçu une instruction préparatoire comme cavalier, les jeunes soldats n'y seront admis que lorsqu'ils seront jugés suffisamment instruits dans les détails qui font l'objet de *l'article VII des bases de l'instruction de l'ordonnance de cavalerie*, et dans *les quatre premières leçons de l'École du cavalier à cheval* (a).

Elle est divisée en quatre leçons, précédées de la nomenclature explicative des pièces du harnachement dont le soldat devra connaître l'usage, et des parties des voitures qui ont rapport à l'attelage.

Ire LEÇON.

Cette première leçon enseigne tout ce qui se passe à l'écurie avant la sortie des chevaux et après leur rentrée.

Les exercices qui en font l'objet étant d'une application continuelle dans le service du *soldat du train*, et leur bonne exécution étant d'une importance majeure, l'instructeur ne négligera aucun moyen pour bien affermir les hommes de recrue dans toutes les circonstances que présente cette leçon.

Afin de n'omettre aucun détail, et pour les expliquer avec concision, clarté et toujours de la même manière, l'instructeur se servira, autant que possible, des expressions employées dans cette instruction.

(a) S'il était nécessaire de former les soldats en moins de temps qu'il n'en faut pour suivre l'instruction méthodique qu'on indique ici, on ferait marcher concurremment les leçons de l'*École du cavalier* et celles du *soldat du train*. Si même ce temps était très-court, on pourrait, pour en consacrer la plus grande partie à l'instruction spéciale, supprimer la première et la quatrième leçons de l'École du cavalier, faire brider les chevaux de la troisième leçon, et ne faire exécuter que les mouvemens rigoureusement nécessaires pour donner au soldat le *fond de la selle* et pour lui enseigner à conduire son porteur, à faire des *à-droite*, des *à-gauche*, des *demi-tours* et à *reculer*.

Il exécutera toujours lui-même ce qu'il aura commandé, afin de joindre l'exemple à l'explication des principes, et ne passera à un mouvement nouveau que lorsque l'exécution du précédent sera entièrement satisfaisante.

1. L'instructeur fera disposer, à quatre pas en arrière de quatre chevaux, deux harnais de derrière, l'un de porteur, l'autre de sous-verge, et deux harnais de devant, aussi de porteur et de sous-verge; les chevaux seront attachés au râtelier par un nœud à boucle. Il placera deux hommes à deux pas en arrière des harnais (*b*), dénommera l'un *soldat de derrière*, l'autre *soldat de devant*, et donnera les explications suivantes :

Chaque soldat du train est chargé de conduire deux chevaux; l'un, sur lequel il monte est appelé *porteur*, l'autre est nommé *sous-verge*; lorsque ces chevaux doivent être attelés immédiatement à la voiture, ils sont désignés sous le nom de *chevaux de derrière* ou *de timon*; on les appelle *chevaux de devant*, quand ils sont à la tête de l'attelage : dans les attelages à six chevaux, ceux du milieu sont nommés *chevaux de volée*.

Les *harnais* dont le train d'artillerie fait ordinairement usage, sont dits *à l'allemande* (*c*).

Chaque harnais des chevaux de devant ou de

<hr>

(*b*) Afin de pouvoir obtenir cette disposition, la première leçon sera donnée dans une écurie double dont on aura fait évacuer un côté; les chevaux ne seront sortis que lorsqu'on ne pourra faire autrement.

(*c*) Voir la nomenclature à la fin du titre IV.

volée se compose d'*un collier garni*, ceux de derrière ont de plus *une avaloire* et *une plate-longe*.

Les parties principales du collier sont :

Le corps, en cuir rembourré, portant sur le cou du cheval.

Les *attelles*, pièces en bois sur lesquelles se fait l'effort du tirage ; on y remarque le *bouton à olive* où se place le fouet quand les chevaux ne sont pas attelés, et l'*anneau* dans lequel on fixe la longe du sous-verge.

Le *sommier*, au moyen duquel les attelles sont assujetties en arrière.

Les *billots*, pièces en cuir, servant à fixer les traits.

Les *traits*, cordages destinés à atteler les chevaux.

Les *fourreaux*, empêchant les chevaux d'être blessés par le frottement des traits.

Le *surdos* et son *boucleteau*, servant à soutenir les traits.

Les *attaches de harnais*, petites lanières au moyen desquelles on fixe les traits sur le collier ou sur l'avaloire.

La *sous-ventrière*, s'opposant à ce que les traits passent sur la croupe du cheval.

L'*avaloire* donne aux chevaux de derrière le moyen de reculer la voiture ou de la retenir dans les pentes rapides ; le *bras du haut* et le *bras du bas* en sont les parties les plus remarquables.

La *plate-longe* sert à soutenir et à reculer la voiture, en agissant sur la chaîne de timon et sur l'avaloire où ses extrémités sont fixées.

Le *fouet* est composé du *manche*, de l'*accouple* et de la *longe* ; son manche est garni d'un *cordon* dans lequel le soldat engage le poignet.

2. *OBSERVATION*. La plupart des voitures qui entrent dans la composition des parcs de siége étant encore attelées *à la française*, il conviendra, comme complément d'instruction, de présenter quelquefois aux soldats du train les harnais qu'on emploie pour ce mode d'attelage.

Prenant pour terme de comparaison les harnais à l'allemande, déjà connus, l'instructeur donnera les explications suivantes :

Les parties du *harnais à la française* qui diffèrent du *harnais à l'allemande*, sont :

Le *collier du limonier*, aux attelles duquel sont placées les *mancelles ;* chaque mancelle est composée d'une chaîne terminée par un grand anneau : c'est par elles que le limonier traîne la voiture. Les colliers à la française sont généralement brisés ou ouverts par le bas, et alors leurs parties inférieures sont garnies chacune d'un *croissant* en fer, l'un mâle et l'autre femelle, servant à fermer le collier; le mâle est percé d'un trou rond dans lequel passe une lanière destinée à empêcher le collier de s'ouvrir.

L'avaloire, à laquelle la plate-longe est remplacée par des *chaînes d'avaloire*, servant à retenir la voiture en agissant sur les crochets d'attelage.

Les parties du *harnais à la française* qui ne se trouvent pas dans les *harnais à l'allemande*, sont :

La *sellette des limons*, se plaçant sur le dos du limonier pour recevoir :

La *dossière*, qui sert à soutenir les limons ou la limonière.

La *sous-ventrière de limons*, qui, fixée à l'un

et à l'autre limons et passant sous le ventre du cheval, empêche la voiture d'aller *à cul*.

3. Ces explications étant données, l'instructeur fera seller les chevaux désignés comme porteurs. (*Ordonnance pour la cavalerie*, TITRE Ier, ART. VIII)

4. L'instructeur fera ensuite harnacher successivement chaque couple de chevaux, en commençant par ceux de derrière.

Harnacher le porteur de derrière.

5. 1.° Prendre le collier avec la main gauche, au-dessous du billot de l'attelle droite : la main droite le saisissant à six pouces au-dessus du billot de l'attelle gauche, les quatre doigts en dedans, le pouce en dehors.

6. 2.° Élever le collier, le tenir de manière que la partie supérieure de l'intérieur repose sur la tête du soldat, la main gauche le tenant toujours, se porter devant la tête du cheval, en passant à gauche ; engager la main droite dans le collier, dénouer la longe et la saisir à dix-huit pouces environ de la tête du cheval, faire un demi-tour à droite sans abandonner la longe ; incliner vers soi le collier et engager en même temps le nez du cheval dans la partie inférieure, dresser le collier, l'élever suffisamment afin que les yeux du cheval se trouvent dans la direction de la partie la plus large, et l'enfoncer jusqu'aux épaules : le collier mis, attacher le cheval au râtelier par un nœud de batelier.

7. 3.° Faire un à-droite pour se placer vis-à-vis de l'épaule gauche du cheval.

8. 4.° Dénouer les attaches de harnais, en commençant par celle fixée à l'attelle droite; déployer
l'avaloire et la placer sur la croupe du cheval, ayant
soin que toutes ses parties soient sur leur plat; passer la croupière, en se conformant à ce qui a été
enseigné à l'article *seller* (*École du cavalier*), et
la boucler au contre-sanglon de la boucle encha-
pée; passer à droite pour placer le boucleteau
droit, revenir placer le gauche et boucler le contre-
sanglon de sous-ventrière, rouler les attaches de
harnais.

9. *Nota.* Si le cheval refuse de recevoir le collier, il faut l'attacher court, après avoir fait passer
la longe dans le collier, n'oubliant jamais que les
meilleurs moyens sont la douceur et les bons traite-
mens : s'il a la tête grosse, et que par suite le collier ait de la peine à passer, il faut le présenter de
haut en bas : cette manière diminue la difficulté.

Harnacher le sous-verge de derrière.

Comme aux n.ºs 5, 6, 7 et 8.

10. Le sous-verge étant harnaché, suspendre la
bride, par le dessus de la tête, à l'attelle gauche
du collier.

Harnacher le porteur de devant.

Comme aux n.ºs 5, 6 et 7.

11. Le collier mis, dénouer les attaches de
harnais et croiser les traits sur la croupe; se porter
sur le côté droit du cheval pour y boucler le
boucleteau du fourreau; passer les traits dans les
porte-traits, commençant par celui de droite; en
doubler deux pieds environ et placer la partie
doublée sur la croupière, en la fixant solidement

avec les attaches; boucler ensuite la sous-ventrière et le boucleteau du fourreau gauche.

Harnacher le sous-verge de devant.

Comme aux n.ºs 5, 6 et 7.

12. Dénouer les attaches de harnais, en commençant par celle fixée à l'attelle droite; passer la croupière; boucler ensuite le contre-sanglon de sous-ventrière, et rouler les attaches.

13. OBSERVATION. Tous les mulets, ainsi que les chevaux qui ont la tête volumineuse et l'encolure effilée, devant avoir des colliers brisés, on mettra ces colliers de la manière suivante:

Prendre de la main droite le côté droit du collier à hauteur du billot, le pouce en dedans, les doigts en dehors; le saisir en même temps, avec la main gauche, à la partie inférieure de l'attelle gauche, le pouce plié sur l'attelle; élever le collier, en l'appuyant contre l'épaule droite et le haut du bras; se porter à hauteur de l'épaule gauche du mulet; faire effort avec les deux mains pour ouvrir le collier, le laisser glisser sur l'encolure, l'agrafer et mettre la lanière qui sert à fixer les croissans.

14. Pour que les chevaux soient bien harnachés, il faut que le collier soit aisé à l'encolure, sans cependant être trop large, et que sa longueur soit telle qu'on puisse passer la main ouverte entre la partie inférieure du collier et le poitrail; que la bride de sous-verge ne soit pas trop tendue; que

les plate-longes et les fourreaux soient sur leur plat ; que le bas du haut de l'avaloire corresponde à la partie supérieure des hanches, et que le bras du bas soit un peu au-dessous (un à deux pouces) de la pointe des fesses.

15. Les chevaux étant harnachés, l'instructeur les fera charger et brider comme il suit :

Charger.

16. Le porte-manteau, le licou, etc., seront placés comme il est indiqué dans l'*ordonnance pour la cavalerie* (Titre I, Art. VII).

Le manteau-capote, plié et roulé bien serré, sera placé sur le devant de la selle ; il y sera attaché par le milieu avec la dragonne, et sur les côtés avec les courroies ou lanières disposées sur le devant de la selle.

Deux musettes, l'une destinée à recevoir le pain, l'autre renfermant les autres musettes et les instrumens de pansage, seront attachées, par leurs courroies, aux anneaux du crampon placé sur le pommeau, celle du pain à gauche ; elles seront maintenues sur les lanières qui fixent le manteau-capote ; la schabraque sera placée par-dessus, et arrêtée par la courroie de guindage.

La corde à fourrage, tortillée, sera fixée à gauche par la courroie de porte-manteau, en l'y arrêtant de manière qu'on puisse la prendre sans rien déranger ; le licou, tortillé avec une partie de sa longe, sera placé de même du côté droit.

Placer le fouet.

17. Tant que les chevaux ne seront pas attelés, le fouet sera fixé, par l'accouple, au bouton-olive, placé à l'attelle droite du porteur; à défaut de bouton-olive, il serait engagé, par le manche, entre le sommier et l'attelle droite du collier du porteur.

18. OBSERVATION. Afin de simuler ce qui doit se faire dans les mauvais temps, l'instructeur fera quelquefois trousser la queue des chevaux avant de donner ordre de les brider.

Trousser la queue du cheval.

1.° Prendre le tronçon de la queue avec la main gauche, les ongles en-dessus; séparer du côté droit, avec la main droite, une mèche de crins, la plus longue possible; saisir, de la main droite, la queue au-dessous du tronçon; retourner la main gauche pour saisir de nouveau la queue, les ongles en-dessous.

2.° Tordre les crins de gauche à droite, avec les deux mains, sans engager la mèche; avec la main droite, les tourner deux fois autour du tronçon, en commençant en-dessus, la main gauche maintenant l'extrémité du tronçon; saisir ensuite de la main gauche le bout restant des crins.

3.° Prendre de la main droite la mèche réservée, et, après l'avoir tordue, en envelopper deux fois les crins tournés autour du tronçon, d'abord en dessus, et en passer l'extrémité dans la main gauche.

4.º Doubler le bout des crins tenu dans la main gauche et l'extrémité de la mèche qu'on y a réunie, les tordre fortement ensemble ; prendre la mèche de la main droite et la tortiller plusieurs fois de dessus en dessous autour du double qu'on a formé ; faire passer enfin cette partie enveloppée entre la mèche et le tronçon, de dessus en dessous, et serrer en tirant fortement à soi.

Brider le sous-verge.

19. Se placer du côté montoir ; prendre la bride par le dessus de tête avec la main droite, les ongles en dessous ; saisir avec la main gauche la rêne droite, à six pouces du mors, les ongles en dessus ; prendre de la main droite, sans abandonner le dessus de la tête de la bride, la rêne gauche également à six pouces du mors, et venir se placer vis-à-vis de la tête du cheval ; faire passer la tête du cheval entre les deux rênes, en les tirant fortement à soi, s'il est nécessaire ; abandonner les deux rênes et, la main droite continuant à tenir le dessus de tête, de la gauche saisir le mors près de l'anneau, appuyer le pouce sur la barre droite du cheval, pour lui faire ouvrir la bouche et y placer le mors ; faire passer les oreilles entre le frontal et le dessus de tête, en commençant par l'oreille droite ; boucler la sous-gorge.

Brider le porteur.

Ordonnance pour la cavalerie, Tit. I.ᵉʳ, Art. VII.

20. L'instructeur fera exécuter, dans l'ordre ci-après, les détails inverses de ceux

qui font l'objet de la première partie de la leçon.

Debrider le porteur.

Ordonnance pour la cavalerie, Tit. I.er, Art. VII.

Débrider le sous-verge.

21. Déboucler la sous-gorge; prendre le dessus de tête avec la main droite et le passer par-dessus les oreilles; se porter devant la tête du cheval; tirer à soi le mors, en le prenant avec les deux mains par les anneaux, sans abandonner la têtière; et suspendre la bride, par le dessus de tête, à l'attelle gauche, rattacher ensuite le cheval au râtelier.

Décharger.

22. Oter les musettes; déboucler les courroies de charge, en commençant par celles de côté; enlever le porte-manteau et retrousser ensuite les courroies en les tournant cinq ou six fois autour des sanglons; déboucler enfin la courroie de guindage, celles qui tiennent le manteau-capote, et ôter ce dernier.

Déharnacher le porteur de derrière.

23. 1.° Dérouler les attaches de harnais et déboucler les boucleteaux des sanglons et le contre-sanglon de sous-ventrière; ôter la croupière; prendre le bras du bas de l'avaloire avec les deux mains, la gauche le saisissant près de la fesse gauche, la droite près de la fesse droite, et le placer sur le bras du haut, ensuite y placer la croupière; saisir l'avaloire près de l'anneau gauche

avec la main droite, la gauche le saisissant près de l'anneau droit, les doigts tournés vers la tête du cheval; les mains ainsi placées, faire tourner l'avaloire, en ramenant à soi la main gauche, de manière que la partie de la plate-longe qui est à droite du cheval se trouve croisée sur celle qui est à sa gauche; placer l'avaloire sur le dos du cheval, la rouler, la porter ensuite sur la housse du collier et l'y fixer solidement avec les attaches.

24. 2.° Détacher le cheval, passer la longe dans le collier et la saisir avec la main droite; prendre le collier des deux mains (5), l'élever, le tirer à soi et l'ôter, en dégageant d'abord la partie supérieure de la tête; puis rattacher le cheval au râtelier.

Déharnacher le sous-verge de derrière.

25. Comme le porteur; de plus, après avoir porté l'avaloire sur la housse du collier, on placera la bride du sous-verge sous l'avaloire.

Déharnacher le porteur de devant.

26. 1.° Dérouler les attaches de harnais et déboucler les boucleteaux des fourreaux; dépasser l'œillet des porte-traits; doubler les traits de manière qu'ils aient environ dix-huit pouces de longueur, et les fixer sur la housse du collier au moyen des attaches.

2.° Comme au n.° 24.

Déharnacher le sous-verge de devant.

27. Comme le porteur, en observant d'ôter la croupière et de ne point dépasser les traits de

dedans les œillets des porte-traits; la bride du sous-verge sera placée sur la housse du collier.

Desseller.

28. *Ordonnance pour la cavalerie*, Tit. Ier, Art. VII.

Les chevaux étant dessellés, seront détachés du râtelier pour être attachés à la mangeoire.

Attacher les chevaux.

29. Passer le bout de la longe dans l'anneau de la mangeoire, ensuite dans le billot; doubler plusieurs fois la longe, en commençant par son extrémité, de manière que chaque double ait environ cinq pouces, et assujettir ces doubles par un demi-nœud d'artificier : il doit rester alors trois pieds de l'anneau du licou à l'anneau de la mangeoire.

Placer les harnais.

30. Si la selle est suspendue, elle le sera par la dragonne, les panneaux en dehors.

Si les colliers sont suspendus, les attelles seront tournées vers le mur.

Si les colliers ne sont pas suspendus, ceux du même attelage seront réunis : les colliers des chevaux de timon dressés l'un contre l'autre, les attelles en dehors; les colliers des chevaux de devant, placés de la même manière, seront appuyés contre ceux des chevaux de timon; les deux selles seront mises par-dessus les colliers l'une sur l'autre, les panneaux en dessous.

31. *OBSERVATION.* Si l'on était campé,

et que les chevaux fussent à la prolonge, il faudrait les y attacher de la manière suivante:

1.° Doubler la longe, à environ trois pieds de la tête du cheval; sur une longueur de huit à neuf pouces; appliquer la partie doublée sur le côté de la prolonge;

2.° Envelopper six ou sept fois avec le bout de la longe le double qu'on a fait et la prolonge;

3.° Faire une ganse avec le bout restant, l'engager dans la boucle formée par la partie doublée, et tirer fortement à soi le côté de la longe qui tient à la tête du cheval.

Les harnais d'un même attelage seront réunis et placés comme il a été dit dans la dernière partie du n.° 30, à dix pas en arrière des chevaux, les brides sous les selles.

32. L'instructeur aura soin de faire alterner les jeunes soldats de manière que toujours, dans deux leçons successives, ils aient harnaché les quatre chevaux de l'attelage.

2.ᵉ LEÇON.

Cette leçon comprend tout ce qui se passe depuis le moment où les chevaux sortent de l'écurie jusqu'à celui où ils y sont ramenés, après avoir été dételés.

33. Avant de donner cette leçon, l'instructeur conduira au lieu où sont les voitures, les hommes destinés à les recevoir; il les fera placer à droite et à gauche de l'avant-train, et leur donnera les explica-

tions suivantes sur les objets qui doivent leur être désignés dans les détails relatifs à la manière d'atteler, et, plus tard, dans ceux qui se rapportent à la conduite des voitures.

Les voitures d'artillerie, à quatre roues, se composent de la voiture proprement dite et de l'avant-train.

Les parties dont la connaissance est nécessaire au soldat du train, sont :

1.º *A l'avant-train*,

Le *timon*, longue pièce de bois à droite et à gauche de laquelle on place les chevaux de derrière ; il est garni à son extrémité d'une *happe à virole* et d'une *happe à cro het* ; la happe à virole retient le grand anneau des *chaînes d'attelage* ; ces chaînes sont terminées chacune par un crochet au moyen duquel on les fixe aux plate-longes.

La *volée fixe* et ses deux *palonniers*, auxquels on attèle les chevaux de derrière.

La *volée mobile*, garnie aussi de deux palonniers, s'adapte au bout du timon en passant le *grand anneau de volée* derrière le crochet de la happe.

Les *armons*, pièces de bois entre lesquelles on fixe le têtard du timon ; il est maintenu par un boulon et par une *cheville à la romaine* qu'on ôte dans les très-mauvais chemins.

2.º *A l'arrière-train*,

La *chaîne d'enrayage* ou l'*enrayure*, qui sert à retenir la voiture dans les descentes rapides ;

Sur le devant des caissons, deux *anneaux* pour fixer le sac d'avoine.

3.º *Tenant aux deux trains,*

La *flèche*, qui, passant par le milieu des deux trains des caissons et de quelques autres voitures, sert à réunir ces deux parties.

34. *OBSERVATION.* Ainsi qu'on a fait connaître aux soldats du train les harnais dits *à la française* (2), il sera nécessaire de leur présenter les voitures auxquelles conviennent ces harnais.

Elles sont à quatre roues et à *limonière*, ou à deux roues et à *limons*.

Dans celles à quatre roues, la limonière, fixée à l'avant-train, présente deux *bras* entre lesquels on place le limonier.

Dans les voitures à deux roues, les limons, faisant partie de la voiture même, ont la même destination que les bras de la limonière de celles à quatre roues.

Sur les bras de limonière et sur les limons, on doit remarquer :

Les *crochets d'attelage*, fixés aux côtés extérieurs et à la partie postérieure; ils servent à recevoir la patte des traits du limonier quand on est obligé d'atteler ces voitures avec des harnais à l'allemande.

Les *ragots*, aussi fixés aux côtés extérieurs, mais vers la partie antérieure; ils reçoivent les chaînes d'avaloire.

Les *trous de tarrière*, dans lesquels on loge des chevilles en bois destinées à arrêter les mancelles du limonier et les traits du *cheval de cheville*.

35. Cette leçon sera donnée à huit hommes; quatre conduiront chacun deux chevaux de derrière, les quatre autres auront des chevaux de devant; l'instructeur sera assisté par deux sous-instructeurs.

36. Les chevaux étant bridés, l'instructeur les fera sortir de l'écurie et fera accoupler le sous-verge d'après les détails suivans :

Sortir les chevaux de l'écurie.

37. Passer le bras gauche entre les rênes de la bride; détacher le sous-verge, passer avec la main gauche la longe dans les anneaux droit et gauche du mors; prendre la longe avec la main droite, qui se porte sur le pommeau de la selle ou sur l'encolure du cheval; la main gauche, les ongles en dessous, saisissant en même temps les rênes du porteur à 6 ou 8 pouces du mors; sortir les chevaux de l'écurie et venir se former sur un rang, les chevaux de derrière occupant la droite de chaque attelage.

Accoupler le sous-verge.

38. Passer la longe dans l'anneau de l'attelle droite du porteur et l'y fixer par un nœud à boucle; à défaut d'anneau, elle serait fixée à la patte de l'attelle. La longueur de la longe, prise de l'anneau gauche de la bride du sous-verge à l'anneau de l'attelle, sera de trois pieds environ.

Le sous-verge étant accouplé, les soldats se placeront devant leurs chevaux à la position de l'homme avant de monter à cheval; au commandement de l'instructeur, ils se compteront *par quatre*, en commençant par la droite.

Monter à cheval.

39. L'instructeur commandera :

  1. *Garde à vous*,

  2. *Préparez-vous pour monter* — (*à*) CHEVAL,

  3. A — CHEVAL.

40. *Le deuxième commandement* s'exécute d'après les principes de l'*École du cavalier à cheval* (n.° 151), avec cette différence qu'au deuxième mouvement les nombres *deux* et *quatre*, abandonnant les rênes sur le bras gauche, saisiront les rênes du porteur avec la main droite à six pouces de la bouche du cheval, le pouce vis-à-vis de sa tête, et de la même manière, avec la main gauche, la longe du sous-verge près de l'anneau gauche de la bride. Ils reculeront leurs chevaux de la longueur de quatre pas, en se maintenant vis-à-vis de leur intervalle, abandonneront ensuite la longe du sous-verge, et saisiront les rênes du porteur.

41. *Au troisième commandement,* comme au n.° 152 de l'*École du cavalier* et 218 pour la position de la main gauche; de plus :

Saisir le fouet de la main droite, engager le poignet dans le cordon, et l'assujettir avec le nœud coulant, afin d'avoir la main entièrement libre; prendre la longe du sous-verge à un pied environ au-dessus de l'attelle et de manière que le cheval soit tenu sans être gêné, la main bien fermée, le pouce fortement appuyé sur la seconde jointure du premier doigt, les ongles en dessous; la main tombant naturellement sur le côté.

42. *Au commandement* REPRENEZ — (*vos*) RANGS, les nombres *un* et *trois* rassembleront leurs chevaux : le porteur comme au n.º 221 (*École du cavalier*), le sous-verge en élevant la main droite et portant le bras un peu en arrière.

Les nombres *deux* et *quatre* entreront dans le rang sans à-coup et sans précipitation.

Les sous-instructeurs iront se placer l'un à la droite, l'autre à la gauche du rang.

43. L'instructeur commandera ensuite :

1. *Garde à vous,*

2. AJUSTEZ — (*vos*) RÊNES.

44. *A la première partie du deuxième commandement,* abandonner la longe du sous-verge et exécuter ce qui est prescrit au n.º 219 de l'*École du cavalier.*

Les rênes ajustées, reprendre la longe du sous-verge.

45. OBSERVATION. Lorsque plus tard on devra réunir devant les écuries un détachement beaucoup plus nombreux que celui qu'on considère dans cette leçon, on le disposera sur deux rangs ouverts à six pas de distance ; les soldats de derrière formeront alors le premier rang, et les soldats de devant auront invariablement pour chef de file leur camarade d'attelage.

On montera à cheval en se conformant à ce qui est prescrit au n.º 180 de l'*École du cavalier.*

Principes d'alignement.

46. Ils sont les mêmes que ceux donnés dans l'*Ecole du cavalier* (211 et 240), excepté en ce qui concerne le contact des bottes entre deux cavaliers voisins.

Rompre.

47. Pour faire rompre par la droite, l'instructeur conmandera :

1. *Garde à vous,*

2. *Par un,*

3. MARCHE.

Au deuxième commandement, rassembler les chevaux (42).

48. *Au troisième commandement,* le soldat du train placé à la droite du rang détermine le mouvement de son porteur d'après les principes indiqués au n.° 222 (*Ecole du cavalier*), et rend vivement la main au sous-verge ; les chevaux ayant obéi, il relâche les jambes et replace les poignets.

Tous les autres soldats suivront le premier en rompant successivement lorsque la tête de leurs chevaux se trouvera à hauteur de la hanche du sous-verge de leur voisin de droite.

On ferait rompre par la gauche d'après les mêmes principes au commandement *par la gauche par un.*

Les soldats du train n'exigeront rien de leurs sous-verges ; ils les conduiront sans y employer de force et sans les tracasser soit avec le fouet,

soit par des saccades ; ils ne se serviront de la
longe que pour calmer, par de légers temps d'arrêt, ceux qui s'animeraient ou qui voudraient dépasser le porteur ; ils ne feront usage du fouet que
pour activer ceux qui se montreraient paresseux :
il suffit de le faire sentir légèrement sur le côté
droit du cheval.

Des à-gauche en marchant.

49. L'instructeur commandera :

    1. *Garde à vous*,

    2. *Par soldat à gauche*,

    3. MARCHE.

Au deuxième commandement, chaque soldat
rassemble ses chevaux.

50. *Au troisième commandement*, faire tourner
le porteur d'après les principes de l'*École du cavalier* (228) ; rendre vivement au sous-verge et
le soutenir de la longe pour le déterminer à décrire un arc de cercle de cinq ou six pas en ac-
célérant l'allure.

51. *Au commandement En* — AVANT, fait lorsque la conversion est près de finir, reprendre la
marche directe et l'allure primitive en replaçant
les jambes et la main gauche, et élevant la main
droite pour faire sentir un demi-temps d'arrêt au
sous-verge.

Des à-droite.

52. L'instructeur commandera :

    1. *Garde à vous*,

2. *Par soldat à droite,*

3. MARCHE.

Au deuxième commandement, chaque soldat rassemble ses chevaux.

53. *Au troisième commandement,* marquer un demi-temps d'arrêt au sous-verge en élevant la main droite, rendre la main immédiatement après; s'il refuse d'obéir, lui faire sentir légèrement le manche du fouet sur la joue gauche, déterminer en même temps le porteur à tourner à droite (*École du cavalier,* 227), en décrivant un arc de cercle de cinq ou six pas et en allongeant l'allure.

54. *Au commandement En —* AVANT, marquer un demi-temps d'arrêt au porteur, en élevant la main et tenant les jambes près, rendre vivement au sous-verge; les chevaux ayant repris l'allure primitive, replacer les jambes et les poignets.

Arrêter.

55. Le peloton ayant exécuté un *à-droite* ou un *à-gauche* par soldat, l'instructeur commandera :

1. *Garde à vous,*

2. *Soldats,*

3. HALTE.

Au deuxième commandement, chaque soldat rassemble ses chevaux.

56. *Au troisième commandement,* on arrête le porteur d'après les principes de l'*École du cavalier* (224), le sous-verge en élevant la main droite

par degrés, et la rapprochant de l'encolure pour ne pas ployer le cou du cheval et l'obliger de s'arrêter droit.

Reculer.

57. L'instructeur commandera :

1. *Garde à vous,*

2. *En arrière,*

3. MARCHE.

58. On fait reculer d'après les mêmes principes que pour arrêter, en observant d'avoir la main légère toutes les fois que les chevaux ont obéi, et de la faire sentir de nouveau dès qu'ils cessent de reculer.

Cesser de reculer.

59. Avoir les mains légères et les jambes près; les chevaux ayant obéi, replacer les mains et relâcher les jambes.

Changer de direction.

60. Le peloton étant en colonne, l'instructeur commandera :

Tête de colonne à droite.

61. *A ce commandement,* le sous-instructeur placé à la gauche du soldat qui est à la tête de la colonne commmandera :

Tournez — (*à*) DROITE ; et, dès que ce mouvement sera près de finir, *En* — AVANT.

62. *A la première partie du premier commandement,* le soldat du train placé à la tête de la

colonne rassemble ses chevaux ; *à la seconde partie*, il exécute un *à-droite* (52).

Au commandement *En* — AVANT, il reprend la marche directe.

Tous les autres soldats viennent successivement tourner au même point que le premier et se prolongent dans la nouvelle direction.

On fera changer de direction à gauche par des moyens analogues.

Passer du pas au trot et réciproquement.

63. Comme aux n.ᵒˢ 160 et 163 de l'*École du cavalier* ; de plus, les soldats du train rendent au sous-verge pour accélérer l'allure, le retiennent pour la ralentir.

Former les attelages.

64. La colonne étant en marche, l'instructeur commandera :

1. *Garde à vous*,

2. *Formez les attelages*,

3. MARCHE.

65. *Au deuxième commandement*, les soldats qui conduisent les chevaux de devant se préparent à prendre le trot (63).

66. *Au troisième commandement*, qui suivra le second de très-près, les soldats qui conduisent les chevaux de devant prennent le trot, se portent, en obliquant à gauche, chacun à hauteur du soldat qui conduit les chevaux de timon du même attelage, et reprennent le pas aussitôt qu'ils y sont parvenus ; les soldats de derrière conservent

entre eux la distance qu'il avaient avant de former les attelages.

Si l'on avait la gauche en tête, on formerait les attelages d'après les mêmes principes, en obliquant à droite.

67. La colonne étant en marche, pour faire rompre les attelages, l'instructeur commandera :

1. *Garde à vous,*

2. *Rompez les attelages,*

3. Marche.

Au deuxième commandement, tous les soldats qui conduisent les chevaux de devant rassemblent leurs chevaux.

68. *Au troisième commandement,* les soldats de derrière continuant à marcher droit devant eux, les autres ralentissent leur allure jusqu'à ce qu'ils soient déboîtés et obliquent à droite pour se placer derrière leurs camarades d'attelage.

Si les attelages étaient formés à droite, on romprait d'après les mêmes principes que ci-dessus, en obliquant à gauche.

69. OBSERVATION. Quand les attelages doivent être à six chevaux, trois attelages à quatre chevaux en forment deux ; le nombre entier des attelages étant alors divisé par trois, les chevaux de chaque seront répartis dans les deux autres et mis en volée, ceux de timon se plaçant dans le premier attelage. Dans ce cas, au commandement *formez les attelages,* les chevaux

de devant du premier et du troisième attelages obliquent à gauche environ trois pas, afin de laisser l'intervalle nécessaire pour les chevaux du second attelage, lesquels se portent à la gauche des chevaux de derrière des premier et troisième attelages.

Le soldat qui conduit les chevaux de devant de l'attelage brisé doit, après avoir obliqué à gauche, ralentir son allure jusqu'à ce que les chevaux de derrière du premier attelage soient à sa hauteur.

69 (*bis*). Lorsque les attelages doivent être à huit chevaux, deux attelages n'en forment qu'un ; les chevaux d'un même attelage continuant à être chevaux de timon et chevaux de devant ; dans l'attelage double, le second attelage est placé au milieu, ayant ses chevaux de derrière en volée. Au commandement *formez les attelages*, les chevaux de devant du premier attelage obliquent à gauche environ six pas , afin de laisser l'intervalle nécessaire pour le second attelage.

69 (*ter*). On romprait ces attelages en se conformant à ce que prescrit le n.° 68, à l'exception que, dans les attelages à six, les chevaux de devant de chaque attelage brisé prendraient le trot et obliqueraient à droite pour se porter en file derrière les chevaux de timon du même attelage (*a*).

____

(*a*) Lorsque les attelages devront être à six ou à huit chevaux, leur composition sera désignée d'avance.

Entrer au parc.

70. Le détachement entrera toujours par un des côtés du parc ; devant entrer par la gauche, il aura la droite en tête, et réciproquement.

Les attelages étant formés et la colonne arrêtée, l'instructeur désignera aux sous-instructeurs les voitures qu'ils doivent faire atteler ; chacun d'eux se mettra à la tête des attelages qui lui sont confiés.

71. Ces renseignemens donnés, et la colonne ayant la droite en tête, par exemple, l'instructeur, après l'avoir mise en mouvement, la dirigera vers le flanc gauche du parc et commandera :

1. *Garde à vous,*

2. *Pour atteler,*

3. MARCHE.

72. *Au commandement* MARCHE, répété par le sous-instructeur placé à la tête de la colonne, si les voitures sont parquées sur le même rang, ou par les deux sous-instructeurs, si elles sont placées sur deux lignes, chaque sous-instructeur dirige sa colonne vers les voitures qui lui ont été désignées, en passant près du timon, et s'arrête, de sa personne, à hauteur de la dernière voiture qu'il doit faire atteler.

Chaque attelage s'arrête à trois pas du timon de la voiture à laquelle il est destiné, et les soldats qui le conduisent exécutent un *à-gauche par sol-*

dat (5o), le soldat de devant ayant soin de marcher deux pas en avant pour faciliter le mouvement des chevaux de derrière.

73. L'instructeur commandera ensuite :

1. PIED — (*a*) TERRE,

2. ATTELEZ.

74. *Au premier commandement*, les soldats accrochent leur fouet au bouton-olive et mettent pied à terre, comme il est prescrit à l'*Ecole du cavalier* (172 et 173); étant arrivés à terre, saisir de la main droite le bout des rênes, les ongles en dessous, le pouce entre les deux rênes, les engager sur le pommeau de la selle, en dehors des attelles, de manière qu'elles soient arrêtées par les battes, et faire front par un à-gauche.

75. *Au commandement* ATTELEZ, chaque soldat se porte vis à-vis de la tête de ses chevaux, leur fait face, et saisit les rênes du porteur et la longe du sous-verge, ainsi qu'il est dit n.° 40. Dans chaque attelage, le soldat de derrière fait reculer ses chevaux autant qu'il est nécessaire pour pouvoir les atteler aisément; il accroche les chaînes d'attelage, en commençant par celles du porteur, puis les traits du sous-verge; passe derrière la voiture, au pas de course, accroche les traits du porteur, et reprend la position qu'il occupait après avoir fait front.

Le soldat qui conduit les chevaux de devant, faisant reculer ses chevaux aussitôt que le soldat de derrière a accroché les chaînes d'attelage, fixe d'abord les traits de son porteur, puis ceux du sous-verge, sans passer devant ses chevaux.

76. Les chevaux étant attelés, les instructeurs examineront avec soin : si les traits ne sont pas trop longs, s'ils sont égaux ; si les chaînes d'attelage ne sont pas trop courtes ; si les plate-longes et toutes les parties du harnais sont sur leur plat ; si la sous-ventrière n'est pas trop lâche, si les porte-traits ne sont pas trop courts ; si l'avaloire est bien placée, et, enfin, si les traits du sous-verge sont de six pouces plus courts que ceux du porteur, ils feront rétablir, en leur présence, tout ce qui serait défectueux.

77. *OBSERVATION.* Pour atteler à la française, les chevaux, placés en files, doivent être disposés ainsi qu'il suit :

1.° Le sous-verge de derrière dans les limons, le porteur en *cheval de cheville*, c'est-à-dire, en avant des limons ou de la limonière ;

2.° Le sous-verge de devant en *cheval de cordeau*, c'est-à-dire, en avant du cheval de cheville ; le porteur en *cheval de devant*.

Les deux chevaux de chaque couple seront réunis par un petit cordeau qui, fixé d'un côté à l'anneau gauche de la bride du sous-verge, et de l'autre à l'anneau gauche du filet du porteur, donne au soldat le moyen de les diriger l'un et l'autre en même temps.

78. L'instructeur, voulant faire monter à cheval, commandera :

A CHEVAL.

79. Chaque soldat du train faisant un à-droite

et dégageant, avec la main droite, les rênes de dessus la tête du collier, monte à cheval par les principes enseignés dans l'École du cavalier.

Le soldat, placé en selle, saisit le fouet et la longe de main (41).

Dételer.

80. Voulant faire dételer, l'instructeur commandera :

1. *Garde à vous,*
2. Pied — (à) terre,
3. Dételez.

Le deuxième commandement, s'exécute comme il est prescrit au n.° 74.

81. *Au troisième commandement,* le soldat de derrière fait demi-tour à droite et se porte à la volée fixe, détache les traits du porteur, en commençant par celui du dehors, en double environ deux pieds, qu'il place sur le bras du haut de l'avaloire et les y fixe solidement avec les attaches; se portant ensuite du côté du sous-verge en passant derrière la voiture au pas de course, il détache et place ses traits de la même manière; décroche enfin les chaînes d'attelages en commençant par celles du sous-verge, et vient se placer à la gauche de son porteur (74).

Le soldat de devant détache les traits du sous-verge, et, après les avoir doublés, les place et les fixe sur la croupière; il dispose de même ceux du porteur et vient se placer à sa gauche.

82. Les chevaux étant dételés, l'instruc-

teur fera monter à cheval comme il a été indiqué (78), et sortir du parc ainsi qu'il suit :

Sortir du parc par la droite.

83. L'instructeur commandera :

 1. *Garde à vous,*

 2. *Par soldat à droite,*

 3. MARCHE,

 4. *En —* AVANT.

84. *Au troisième commandement,* chaque soldat exécute son à-droite, ceux qui conduisent les chevaux de derrière ayant soin de se porter quelques pas en avant pour se dégager du timon.

85. *Au quatrième commandement,* tous les attelages se portent en avant et prennent, en marchant, leur distance aux attelages qui les précèdent.

Si les voitures sont formées sur deux lignes, la colonne qui a fourni les attelages de la seconde se porte derrière la première colonne.

On ferait sortir par la gauche par des moyens semblables, en substituant le mot *gauche* à celui *droite;* on aurait alors la gauche en tête : dans ce cas, c'est la colonne qui a fourni les attelages de la première ligne qui se porte derrière les attelages de la seconde.

86. La colonne étant dégagée du parc, l'instructeur fera rompre les attelages (67).

87. Pour former le peloton en bataille, l'instructeur commandera :

 1. *Garde à vous,*

2. *En avant, à gauche* ou *sur la droite formez le peloton,*

3. MARCHE.

1.° *En avant.*

88. *Au troisième commandement,* le sous-instructeur placé à la tête de la colonne marche dix pas et fait *halte,* le soldat de derrière du premier attelage se place à sa gauche; tous les autres soldats, obliquant à gauche, viennent successivement se former à la gauche du premier.

2.° *A gauche.*

89. *Au troisième commandement,* le sous-instructeur tourne à gauche, marche dix pas et fait *halte;* le soldat de derrière du premier attelage exécute le même mouvement pour aller se placer à sa gauche : tous les autres soldats viennent successivement se former à la gauche de ceux déjà placés.

3.° *Sur la droite.*

90. *Au troisième commandement,* le sous-instructeur tourne à droite, marche dix pas et fait *halte;* le soldat placé à la tête de la colonne exécute le même mouvement pour se placer à la gauche du sous-instructeur : tous les autres soldats viennent successivement se former à la gauche de ceux déjà placés.

Si l'on avait la gauche en tête, on formerait, par des moyens analogues, le peloton *en avant, à droite* ou *sur la gauche.*

91. La troupe étant formée, l'instructeur commandera :

A droite — ALIGNEMENT, et FIXE (46).

92. *OBSERVATION.* Voulant se former en bataille sur deux rangs, l'instructeur commanderait : *En avant, à gauche* ou *sur la droite en bataille.*

Chaque attelage étant alors considéré comme une file, les soldats de devant, pour former le second rang, suivraient le mouvement des soldats de derrière du même attelage, lesquels se formeraient par les moyens indiqués dans les numéros précédens.

93. Le peloton étant formé sur le terrain où il doit mettre pied à terre, l'instructeur commandera :

1. *Garde à vous,*

2. *Préparez-vous pour mettre* — PIED A TERRE,

3. *Pied* — (*à*) TERRE,

4. *Reprenez* — (*vos*) RANGS.

94. *Au deuxième commandement,* les nombres *deux* et *quatre* reculent leurs chevaux de la longueur de quatre pas.

95. *Au troisième,* tous mettent pied à terre ainsi qu'il est prescrit dans l'*École du cavalier* (173).

96. *Au quatrième,* chacun reprend son rang (*École du cavalier*, n.° 174), à l'exception que les nombres *un* et *trois* tiendront de la main droite les rênes du porteur à six pouces de la bouche du cheval et saisiront, de la main gauche, la longe

du sous-verge à la même longueur, en élevant un peu l'une et l'autre mains pour empêcher les chevaux de ruer.

97. *OBSERVATION.* Si l'on était formé en bataille sur deux rangs, on mettrait pied à terre avec les mêmes modifications que ci-dessus, comme il est indiqué au n.° 217 de *l'École du cavalier.*

Défiler.

98. Voulant faire défiler pour ramener les chevaux à l'écurie, l'instructeur commandera:

   1. *Garde à vous ,*

   2. *Par la droite* — DÉFILEZ ,

   3. MARCHE.

99. On se conformera à ce qui est prescrit dans *l'École du cavalier* (141), à l'exception qu'après avoir saisi le bout des rênes avec la main gauche, ou découplera le sous-verge et on placera le bout de la longe dans cette main.

On fera *défiler par la gauche* ainsi qu'il est expliqué dans *l'École du cavalier* (142).

Entrer à l'écurie et placer les chevaux.

100. Arrivés près de l'écurie, les soldats saisissent la longe avec la main droite, qui se pose sur le pommeau de la selle ou l'encolure du cheval, la main gauche, les ongles en dessous, prenant en même temps les rênes du porteur à six ou huit pouces de la bouche, et ils entrent les chevaux à l'écurie.

La distance d'un cheval à l'autre sera de trois pieds à l'écurie, et un peu moins à la prolonge; le sous-verge sera toujours à droite du porteur.

Dès que les chevaux seront rendus à la place qu'ils doivent occuper, le soldat dégagera la longe des anneaux du mors du sous-verge et l'attachera au râtelier.

3.e LEÇON.

Cette leçon a pour objet de donner aux soldats du train la connaissance des moyens qu'ils doivent employer pour conduire les voitures.

101. L'instructeur aura sous ses ordres deux sous-instructeurs et de plus un brigadier monté pour conduire la reprise; il prendra quatre attelages, comme dans la leçon précédente, et fera atteler quatre caissons (a). Ces voitures, numérotées de droite à gauche, formeront deux sections de deux caissons chacune.

102. Les caissons étant attelés et les soldats à cheval, l'instructeur commandera :

1. *Garde à vous,*

2. *Par le premier caisson en avant en colonne,*

3. MARCHE.

103. *Au deuxième commandement,* les soldats qui conduisent le premier caisson rassemblent leurs

---

(a) Dans le cours de cette instruction, quelle que soit l'espèce de voiture dont on se servira, elles seront désignées sous le nom de *caissons*, les pièces exceptées.

chevaux (*b*); le brigadier se porte à un pas en avant du soldat de devant de cette voiture.

104. *Au troisième commandement*, les soldats du premier caisson abandonnent la longe, déterminent le mouvement du porteur (*École du cavalier*, n.° 222), et font sentir légèrement le fouet sur le côté droit du sous-verge (*c*); les chevaux ayant obéi, ils relâchent les jambes, replacent la main gauche et reprennent, sans à-coup, la longe avec la main droite.

La première voiture se porte en avant en réglant sa marche sur celle du brigadier; les autres se mettent successivement en mouvement, de la même manière, lorsque les roues de derrière de la voiture qui était à leur droite arrivent à hauteur des chevaux de devant; chacune marche quatre pas en avant et oblique à droite, pour se mettre en file derrière la première, chaque voiture conservant un pas de distance entre la tête des chevaux de devant et le derrière de la voiture précédente : toutes régleront leur degré d'obliquité de manière à se placer dans la direction de la colonne à vingt pas du point de départ.

Arrêter.

105. La colonne ayant marché pendant

______

(*b*) Ce mouvement de rassembler les chevaux s'exécute toujours au commandement préparatoire par tous les soldats qui doivent agir au commandement d'exécution ; quand les voitures doivent marcher successivement, les soldats de chacune rassemblent leurs chevaux un moment avant de se mettre en mouvement.

(*c*) Ce principe est général dans tous les commandemens de MARCHE ; le coup de fouet sera donné plus ou moins fort, suivant l'exigence du cas et la sensibilité du cheval.

quelque temps, l'instructeur commandera :

    1. *Garde à vous,*

    2. *Colonne,*

    3. HALTE.

106. *Au troisième commandement,* arrêter d'après les principes donnés au n.° 56 ; seulement le soldat de derrière emploiera plus de force dans l'arrêt, car les chevaux qu'il conduit doivent non-seulement s'arrêter, mais encore résister à l'impulsion de la voiture ; le même soldat doit aussi déterminer l'arrêt de ses chevaux un peu avant le soldat de devant, c'est-à-dire dès la première syllabe du commandement.

Aussitôt que la voiture est arrêtée, tous les soldats font tendre les traits de leurs chevaux en les portant, avec ménagement, un pas ou deux en avant.

Former le rang.

107. L'instructeur remettra la colonne en mouvement en commandant :

    1. *Garde à vous,*

    2. *Colonne en avant,*

    3. MARCHE.

108. *Au troisième commandement,* les soldats de toutes les voitures exécuteront en même temps ce qui est prescrit au n.° 104 pour ceux de la première.

109. La tête de la colonne étant arrivée

à vingt pas du champ d'exercice, l'instructeur commandera :

1. *Garde à vous*,

2. *Formez le rang*,

3. MARCHE.

110. *Au troisième commandement*, la première voiture, toujours dirigée par le brigadier, marche vingt pas en avant et fait *halte*; toutes les autres voitures, par un mouvement d'oblique à gauche, viennent successivement se former à la gauche de la première, chacune se plaçant à cinq pas d'intervalle de celle qui la précédait dans la colonne.

111. Les instructeurs n'exigeront pas que les voitures soient régulièrement alignées ; ils veilleront seulement à ce qu'elles arrivent carrément sur la ligne et à ce qu'elles s'y placent avec les intervalles prescrits.

Travail à la longe.

112. On fera travailler les voitures sur des cercles de trente-cinq à quarante pas de rayon, et, à cet effet, on fixera à la tête du cheval du brigadier un cordeau de cette longueur. Lorsqu'on devra marcher à main gauche, le brigadier, chef de la reprise, se placera en avant de la première voiture ; il se mettrait à la tête de la quatrième pour marcher à main droite : dans l'un et l'autre cas, les porteurs marcheront sur la piste du cheval du brigadier. L'un des sous-instruc-

teurs tiendra la longe au centre du cercle,
l'autre sera armé de la chambrière.

Marcher à main gauche.

113. L'instructeur commandera :

1. *Garde à vous,*
2. *Par le premier caisson,*
3. MARCHE.

114. *Au deuxième commandement,* le brigadier se place à la tête de la première voiture.

115. *Au troisième commandement,* la première voiture se met en mouvement : toutes les autres voitures rompent successivement pour entrer dans la direction de la première.

On ferait marcher à main droite en rompant par le quatrième caisson.

116. L'instructeur expliquera aux recrues que lorsqu'ils marchent à main gauche, c'est le porteur de derrière qui doit maintenir la voiture sur la piste ; il leur prescrira de tenir les rênes courtes, les doigts bien fermés, et de soutenir légèrement la main en avant et à gauche ; il leur recommandera de laisser marcher librement le sous-verge ; s'il était contraint, il appuierait contre le timon et jetterait le porteur en dedans du cercle : il faut seulement lui ramener la tête un peu en dedans s'il cherche à s'éloigner ; l'allure du sous-verge doit être un peu plus décidée que celle du porteur, afin qu'ils tirent

également. Lorsqu'on travaille à main droite, la voiture étant maintenue sur la piste par le sous-verge de derrière, le soldat doit le soutenir avec la longe, et tenir la jambe droite près, afin d'empêcher le porteur de se jeter sur le timon; l'allure du porteur doit être plus décidée que celle du sous-verge.

Les soldats de devant conduisent leurs chevaux d'après les mêmes principes, mais les traits de ces chevaux doivent à peine être tendus.

Changement de main.

117. Quand on aura marché quelque temps à main gauche, l'instructeur fera changer de main en commandant :

1. *Garde à vous*,

2. *Tournez* — (à) GAUCHE,

3. *En* — AVANT.

118. Le brigadier, conducteur de la reprise, tourne à gauche, au commandement *En* — AVANT, il se dirige vers le centre du cercle, afin de le traverser suivant un diamètre; la première voiture suit ce mouvement, chaque soldat ramenant à lui la tête de son sous-verge et le déterminant à alonger l'allure, sans changer celle du porteur : toutes les autres voitures tournent successivement de la même manière quand elles arrivent au point où la première a exécuté sa conversion.

Lorsque le brigadier est arrivé près du côté op-

posé du cercle (à quatre pas de la piste), l'instructeur commande : *Tournez — à* DROITE; le brigadier exécute ce mouvement et se prolonge sur
la piste au commandement *En —* AVANT; toutes les
voitures tournent successivement à droite en arrivant au point où le brigadier a exécuté sa conversion, les soldats employant, à cet effet, les
moyens indiqués au n.° 53.

Travaillant à droite, on changerait de
main par des moyens semblables, en substituant, dans les commandemens, le mot
droite à celui *gauche*, et réciproquement.

119. La marche en cercle à droite étant
d'une exécution plus difficile que celle à gauche, on devra donner aux reprises à main
droite une durée plus grande qu'à celles à
gauche.

Passer du pas au trot et réciproquement.

120. Comme au n.° 65; seulement, pour prendre le trot, les soldats feront sentir légèrement le
fouet au sous-verge, si c'est nécessaire, pour le
déterminer à changer d'allure.

On emploiera les mêmes moyens pour passer du
trot ordinaire au grand trot et réciproquement,
l'instructeur commandant ALONGEZ, pour le premier cas; RALENTISSEZ, pour le second.

121. Toutes les fois qu'on passe d'une
allure lente à une plus vive, du pas au trot,
par exemple, il faut commencer cette allure
très-lentement, l'augmenter peu à peu, et
avoir soin que tous les chevaux la prennent
en même temps; toutes les fois, au con

traire, qu'on passe d'une allure vive à une plus lente, du trot au pas, par exemple, il faut d'abord marcher d'un pas très-alongé et le porter peu à peu à la vîtesse ordinaire de cette allure, en ayant soin que ce soient les chevaux de derrière qui commencent à ralentir.

Descendre de cheval en marchant.

122. Les chevaux marchant sagement, et la distance d'une voiture à l'autre étant bien observée, l'instructeur commandera :

  1. *Garde à vous,*

  2. *Préparez-vous — pour sauter —* (à) TERRE,

  3. *Sautez —* (à) TERRE.

123. *Au deuxième commandement,* relever l'étrier droit sur le cou du cheval et engager les rênes sur le pommeau de la selle (74); placer ensuite la main droite sur la batte droite, la gauche sur le pommeau.

124. *Au troisième commandement,* 1.º s'enlever sur l'étrier gauche, passer la jambe droite par-dessus la croupe du cheval, rapporter la cuisse droite près de la gauche, le corps bien soutenu, placer la main droite sur le troussequin, s'enlever sur les deux poignets pour dégager le pied de l'étrier, et sauter légèrement à terre sans que la main droite abandonne trop tôt la selle ; relever l'étrier gauche.

2.º Faire un à-gauche en marchant ; saisir de

la main droite, les ongles en dessous, la rêne gauche de la bride, sans dégager les rênes, et diriger son porteur.

Monter à cheval en marchant.

125. Les chevaux marchant sagement, l'instructeur commandera :

    1. *Garde à vous,*

    2. *Préparez-vous — pour monter —(à)* CHEVAL,

    A — CHEVAL.

126, *Au deuxième commandement,* abandonner la rêne gauche et abattre l'étrier gauche.

127. *A la première partie du troisième commandement,* faire deux pas, en partant du pied droit, pour se porter à la hauteur de la tête du cheval et faire un à-droite sur la pointe du pied gauche; appuyer la main gauche sur la tête du collier, saisir l'étrier de la main droite et le chausser lestement; s'enlever de la jambe droite en appuyant le pied gauche sur l'étrier et la main droite sur le troussequin.

A la deuxième partie du commandement, se mettre légèrement en selle, y étant parvenu, abattre l'étrier droit, le chausser, saisir les rênes de la main gauche et la longe de la droite.

128. Avant de faire mettre pied à terre et monter à cheval en marchant, l'instructeur fera arrêter la reprise et exécuter ces mouvemens de pied ferme, observant que pour monter à cheval il n'est pas néces-

saire de faire les deux pas qui ont pour objet d'augmenter la vîtesse du cavalier, afin qu'il se trouve à hauteur de l'épaule du cheval après avoir fait son à-droite. L'instructeur ne remettra les voitures en marche, pour donner cette instruction, qu'après avoir reconnu l'assurance des recrues dans les détails qui y sont relatifs.

Marcher par section.

129. Les jeunes soldats commençant à s'habituer à conduire les voitures, et la reprise étant à gauche, l'instructeur commandera :

1. *Garde à vous*,

2. *Formez les sections*,

3. MARCHE.

130. *Au second commandement,* tous les soldats, excepté ceux qui conduisent la première voiture, préparent leurs chevaux à prendre le trot.

131. *Au troisième commandement,* toutes les voitures, excepté la première, prennent le trot ; les soldats qui conduisent la seconde, ramenant léur sous-verge à eux, obliquent à gauche pour se porter à cinq pas et à hauteur de la première voiture, et reprennent le pas aussitôt qu'ils y sont parvenus.

Les autres voitures continuent à marcher dans la même direction, et chaque voiture paire double sur la voiture impaire de la même section lorsque celle-ci, ayant serré à un pas de la voiture précédente, reprend l'allure primitive.

4 *

Rompre les sections.

132. L'instructeur commandera :

1. *Garde à vous,*

2. *Rompez les sections,*

3. MARCHE.

133. *Au deuxième commandement,* tous les soldats, hors ceux de la première voiture, rassemblent leurs chevaux.

134. *Au troisième commandement,* la première voiture continue à marcher de la même allure; toutes les autres ralentissent la leur, et chaque voiture paire oblique à droite pour se porter en file derrière la voiture impaire de la même section, lorsque les chevaux de devant sont arrivés à hauteur des roues de derrière de cette voiture.

La reprise étant à main droite, on exécuterait, d'après les mêmes principes, les doublemens en obliquant à droite, et les dédoublemens en obliquant à gauche.

Reculer.

135. Ayant fait former le rang hors du cercle (109), l'instructeur commandera :

1. *Garde à vous,*

2. *En arrière,*

3. MARCHE.

136. *Au troisième commandement,* reculer d'après les principes du n.° 58, les soldats de derrière employant plus de force que ceux de devant, tous reculant leurs chevaux droit et lentement.

137. Pour l'exécution de ce mouvement, l'instructeur aidera les chevaux avec la chambrière, en les frappant légèrement du manche sur les jambes de devant, s'ils refusent d'obéir.

Quand les chevaux auront reculé cinq ou six pas, on commandera :

HALTE.

A ce commandement, on cesse de reculer et les chevaux de devant sont portés un peu en avant pour tendre les traits.

Reculer à gauche.

138. L'instructeur voulant exercer les soldats à porter l'arrière-train des voitures à gauche, il commandera :

1. *Garde à vous*,
2. *En arrière à gauche*,
3. MARCHE,
4. HALTE.

139. *Au deuxième commandement*, le soldat de derrière dirige le timon à gauche, en faisant exécuter à ses chevaux un demi-à-gauche sans avancer ; le soldat de devant appuie à gauche, aussi sans avancer.

140. *Au troisième commandement*, ils font reculer leurs chevaux (136), en ayant soin de les soutenir à gauche.

141. *Au quatrième commandement*, ils cessent de reculer ; le soldat de derrière fait exécuter à ses

chevaux un demi-à-droite, sans avancer, pour redresser le timon ; le soldat de devant appuie à droite et fait tendre les traits.

On ferait reculer à droite d'après les mêmes principes.

142. Les instructeurs recommanderont aux soldats de déterminer le mouvement du sous-verge un peu avant celui du porteur.

143. *OBSERVATION*. Dans le recul des voitures à limon, la direction qu'on donne au limonier déterminant immédiatement celle que prend la voiture, pour reculer à gauche, il faut que le limonier oblique à droite et réciproquement. On saisit les rênes de la main gauche, près de la bouche du cheval, le pouce vis-à-vis la tête, les doigts bien fermés, les rênes égales, et on élève et rend alternativement.

Pour les voitures à limonière, le limonier étant tenu de la même manière, on donnera à l'avant-train la même direction relative qu'avec les voitures à timon.

144. Les instructeurs auront soin de faire alterner les recrues de manière que, dans deux leçons successives, chaque soldat ait conduit les chevaux de devant et ceux de derrière de la voiture,

4.e LEÇON.

Dans cette leçon on complétera l'instruction de détail du soldat du train, en faisant exécuter aux

voitures, indépendamment de la longe qui les a
guidées dans la leçon précédente, tous les mouvemens rectilignes et de conversion nécessaires pour
les conduire dans telle direction que ce soit.

145. L'instructeur, assisté de deux sous-
instructeurs, fera atteler huit caissons, qu'il
numérotera de droite à gauche ; deux brigadiers montés seront commandés pour marcher à la tête des rangs que formeront plus
tard ces voitures.

146. L'instructeur, ayant fait rompre par
caisson (102), dirigera la colonne vers l'un
des petits côtés du manége (a), et, lorsque
la première voiture arrivera à vingt pas
de ce côté, il commandera :

   1. *Garde à vous*,
   2. *Formez les rangs*,
   3. MARCHE.

147. *Au troisième commandement*, le premier
caisson, dirigé par l'un des brigadiers, se porte
vingt pas en avant et fait *halte*, les trois voitures
suivantes se forment successivement à la gauche de
la première (110).

Le cinquième caisson, dirigé par le second brigadier, continue à marcher droit devant lui et
fait *halte* en arrivant à un pas du premier ; les
trois dernières voitures viennent se former à sa
gauche : le brigadier du second rang se place à la
droite de la première voiture de ce rang.

(a) Le manége aura 120 mètres de longueur sur 80 de largeur ; chaque coin sera marqué par un fort piquet de quatre à
cinq pouces de diamètre et de cinq pieds de longueur, enfoncé
en terre de deux pieds.

Marcher à main gauche.

148. L'instructeur commandera :

1. *Garde à vous,*
2. *Par le premier caisson,*
3. MARCHE.

149. *Au troisième commandement,* les soldats de la première voiture marchent d'abord quatre pas droit devant eux, et se dirigent ensuite diagonalement à droite pour se porter sur le grand côté du manége ; les autres voitures rompent successivement, comme il est dit au n.° 104, pour se porter en file derrière la première, toutes arrivant sur la piste au même point que le brigadier qui conduit la reprise.

Lorsque le brigadier du premier rang est près d'arriver au milieu du petit côté du manége opposé à celui d'où il est parti, l'instructeur commande : *Par le cinquième caisson* — MARCHE ; le brigadier du second rang, se plaçant à la tête de la cinquième voiture, la dirige vers la piste comme il a été dit pour la première, et le second rang se met en colonne de la même manière que le premier.

Les brigadiers placés à la tête des reprises auront attention d'arriver en même temps aux angles opposés du manége, le brigadier du second rang réglant son allure sur celle du premier.

150. Les coins seront doublés en dehors, c'est-à-dire qu'en marchant à main gauche, par exemple, on laissera les piquets à gauche. A cet effet, les instructeurs expliqueront aux soldats que, lorsque les chevaux de devant arrivent à dix pas environ du

piquet, ils doivent soutenir la main gauche en avant et à droite, et rendre la main au sous-verge afin d'obliquer à droite, sans s'éloigner de plus de six pas du piquet; que, près d'arriver à sa hauteur, il faut soutenir la main en avant et à gauche, et ramener à soi la tête du sous-verge; qu'après avoir doublé le coin, en passant près du piquet sans le toucher, ils doivent reprendre la piste à environ dix pas au-delà et redresser leurs chevaux; la première voiture de chaque rang est dirigée dans ce mouvement par le brigadier chef de la reprise.

Changement de direction.

151. Après quelques tours, on fera changer de direction dans la longueur du manége, en se conformant à ce qui est prescrit dans l'*École du cavalier* (194).

Le commandement *Tournez*—(à) GAUCHE sera fait lorsque les brigadiers arriveront à quatre pas du milieu des petits côtés. La première voiture de chaque rang, toujours précédée du brigadier, tourne à gauche et se prolonge dans le manége au commandement *En*—AVANT; les secondes voitures, et successivement toutes les autres, continuent à marcher droit devant elles jusqu'à ce que les chevaux de devant de chacune soient arrivés au point où ceux de la voiture précédente sont entrés dans la nouvelle direction: elles tournent alors à gauche et se mettent en file derrière la première; les deux rangs se laissent mutuellement à droite, en conservant un intervalle de cinq pas environ entre les roues des deux files de voitures.

Les brigadiers étant près d'arriver sur les petits côtés du manége, l'instructeur commandera *Tour-nez—(à)* DROITE ; la tête de la reprise exécute le commandement, et se prolonge ensuite sur la piste au commandement *En—*AVANT : la première voiture est successivement suivie par toutes les autres.

On fera changer de direction à droite d'après les mêmes principes.

Des à-gauche en marchant.

152. Les voitures marchant à main gauche et se trouvant en file sur les grands côtés du manége, l'instructeur commandera :

   1. *Garde à vous,*

   2. *Par caisson à gauche,*

   3. MARCHE,

   4. *En —*AVANT, GUIDE A DROITE.

153. *Au commandement* MARCHE, chaque voiture exécute le mouvement décrit dans la première partie du n.° 118 : au commandement *En—*AVANT, fait au moment où les voitures vont terminer leur à-gauche, les soldats dirigent la voiture qu'ils conduisent dans les intervalles du rang qui vient à leur rencontre ; chaque voiture laissant à gauche celle qui lui correspond dans l'autre rang, et toutes conservant leur intervalle à droite.

Les premiers chevaux étant près d'arriver sur la piste, l'instructeur commandera : *Par caisson à gauche —* MARCHE ; chaque voiture tourne à gauche, et le mouvement étant près de finir, on commandera : *En*—AVANT. La reprise se trouvera marcher en ordre renversé ; elle reviendra dans l'ordre naturel en répétant le même mouvement.

Les *à-droite* s'exécuteront d'une manière analogue.

154. L'instructeur ne fera exécuter le mouvement qui vient d'être détaillé qu'après avoir reconnu que les distances sont bien observées et que les chevaux de devant de la première voiture du premier rang se trouvent à hauteur du derrière de la dernière voiture du second : si, malgré cette attention, les deux reprises manquaient d'ensemble après avoir fait leur à-gauche, l'instructeur ferait arrêter pour expliquer ce qui n'aurait pas été bien entendu, et ferait recommencer ensuite ce qui n'aurait pas été bien exécuté.

Des demi-tours.

155. Ayant fait former les voitures, hors du manége, sur un rang et à dix pas d'intervalle, l'instructeur commandera :

1. *Garde à vous*,

2. *Par caisson*, *demi-tour à gauche*,

3. MARCHE,

4. *En* — AVANT.

156. (Pl. XLVII. Fig. 1.re) *Au commande-ment* MARCHE, le soldat de devant, soutenant la

main en avant et à gauche et ramenant à lui la tête du sous-verge, dirige ses chevaux, sans les faire tirer, sur un arc de cercle de douze pas de rayon, et oblique ensuite à gauche pour se rapprocher de la ligne sur laquelle était placée la voiture avant le demi-tour; le soldat de derrière, par des moyens semblables, fait décrire à ses chevaux un demi-cercle de six pas de rayon et marche ensuite sur la piste des chevaux de devant; le mouvement étant près de finir, les soldats diminuent l'effet de la main et de la jambe gauche, soutiennent le porteur de la jambe droite et replacent la tête du sous-verge.

157. *Au commandement En — avant,* marcher droit devant soi à l'allure ordinaire.

158. Ce mouvement sera exécuté d'abord par voiture, en commençant par celle placée à la gauche du rang, ensuite par toutes les voitures en même temps; et enfin, lorsque les soldats l'exécuteront correctement de pied ferme, on le leur fera répéter en marchant.

OBSERVATIONS RELATIVES AUX PIÈCES A LA PROLONGE.

Changement de direction.

159. Dans les changemens de direction, la pièce fait un *à-droite* ou un *à-gauche* d'après ce qui est prescrit au n.° 118, le soldat de devant de la voiture qui suit, sans se laisser guider par le mouvement de la pièce proprement dite, continue à

marcher droit devant lui, pour entrer dans la nouvelle direction au même point que les chevaux de devant de la première pièce.

Des à-gauche et des à-droite.

160. Une pièce à la prolonge peut exécuter ces mouvemens de deux manières, de pied ferme ou en marchant : dans le premier cas, on tourne à prolonge lâche; dans le second, la prolonge reste tendue, et la pièce tourne en avançant.

Pour exécuter un à-gauche à prolonge lâche (Pl. XLVII, Fig. 2), on commence par faire reculer un peu l'avant-train (environ deux pas), et le soldat de devant faisant faire un demi-tour à gauche à ses chevaux, tout l'attelage entre successivement dans cette direction et s'y prolonge jusqu'à ce que les chevaux de devant soient arrivés à hauteur des roues de l'affût. On exécute alors un à-droite, et l'on marche dans cette nouvelle direction, perpendiculaire à la première.

Des demi-tours.

161. Ils s'exécutent toujours à prolonge lâche; étant de pied ferme (Pl. XLVII, Fig. 3), on fait d'abord reculer l'avant-train de deux pas environ, et les chevaux de devant faisant un demi-tour, tout l'attelage entre successivement dans la même

direction et s'y prolonge de manière à faire passer la roue gauche de l'avant-train à trois pas de la roue de la pièce.

En marchant, les chevaux de devant exécutent immédiatemeut leur demi-tour; les autres chevaux sont arrêtés pour entrer ensuite dans la même direction que les premiers, aussitôt que ceux-ci se sont prolongés à côté d'eux; l'avant-train, comme dans le cas précédent, doit passer à trois pas de la roue gauche de la pièce.

Des alignemens.

162. L'alignement des voitures dépend essentiellement des soldats qui conduisent les chevaux de timon; dès qu'ils seront alignés, ceux qui attèlent devant eux, et les voitures elles-mêmes, le seront autant qu'il est nécessaire. Ils devrout donc, appliquant ce qui a été précédemment indiqué (46), observer de plus de faire arriver et de maintenir leurs chevaux droits, pour ne pas donner aux voitures une direction oblique, et, en conservant ou en prenant bien leur intervalle par rapport aux autres voitures, de ralentir d'abord l'allure et de s'arrêter quelques pas avant d'arriver sur la ligne, afin de prendre l'alignemeut toujours en avançant.

163. Les voitures étant sur un seul rang, à cinq pas d'intervalle, on exercera les soldats à s'aligner de la manière suivante :

L'instructeur fera placer les deux premières voitures de la droite du rang à vingt pas en avant, et, après les avoir alignées et placées parallèlement entre elles, il commandera :

1. *Garde à vous,*

2. *Par caisson —à droite—* ALIGNEMENT.

164. *A la dernière partie du deuxième commandement,* les soldats de chaque voiture, se portant successivement en avant, se conforment à ce qui vient d'être prescrit, et conservent la tête à droite jusqu'au commandement FIXE.

On s'alignera à gauche par les mêmes moyens.

On fera recommencer les mêmes mouvemens en donnant à la base d'alignement une direction oblique.

De la marche en ligne.

165. L'instructeur, voulant exercer les soldats à la marche directe, formera les voitures sur un rang, de manière qu'elles puissent marcher un peu long-temps sans changer de direction, fera aligner les soldats à droite, les voitures à cinq pas d'intervalle (*b*); il indiquera au brigadier placé à la droite un objet dans une direction perpendiculaire au front du rang, lui prescrira de prendre un point intermédiaire avant de partir, et de ne

---

(*b*) L'instructeur pourra augmenter ou diminuer cet intervalle suivant qu'il le jugera convenable.

jamais perdre de vue ces deux points, afin de se maintenir toujours dans la direction de l'un et de l'autre; à mesure que le brigadier approchera du point intermédiaire qu'il aura pris, il en choisira un plus éloigné dans la même direction.

166. Ayant fait ces dispositions, l'instructeur commandera :

    1. *Garde à vous,*

    2. *Caissons en avant, guide à gauche,*

    3. MARCHE.

167. *Au deuxième commandement,* le brigadier de la droite se porte en avant de la première voiture.

168. *Au troisième commandement,* les soldats de chaque voiture se portent droit devant eux ; ceux de la première suivant exactement le brigadier, les autres conserveront leur intervalle du côté du guide et marcheront alignés du même côté : à cet effet, ils tourneront de temps en temps la tête à droite pour reconnaître leur position relativement à la voiture voisine.

On marchera le *guide à gauche,* d'après les mêmes principes.

De la marche oblique.

169. Les voitures étant en bataille, l'instructeur commandera :

    1. *Garde à vous,*

2. *Oblique à gauche* (par exemple),

3. MARCHE.

170. *Au troisième commandement*, faire exécuter un quart d'à-gauche au porteur, en faisant suivre le sous-verge avec la longe de main, de manière que sa tête soit placée au milieu de l'encolure du porteur ; ce mouvement fini, les soldats se portent droit devant eux dans la direction nouvelle : le guide alors se trouve, de fait, du côté vers lequel on oblique.

Après avoir fait marcher quelque temps dans cette direction, l'instructeur commandera *En —* AVANT ; chaque voiture exécutera un quart d'à-droite, et la ligne se trouvera en marche dans une direction parallèle à celle où elle était primitivement placée.

Après avoir fait exécuter ce mouvement de pied ferme, l'instructeur le commandera en marchant.

Toutes les fois que les voitures perdront leur intervalle, elles ne devront le reprendre que peu à peu et en gagnant du terrain en avant.

De la marche circulaire ou de conversion.

171. On distingue deux espèces de conversions : dans l'une, l'aile marchante continue à marcher de la même allure plus accélérée.

Le premier genre de conversion est indiqué par le commandement *à droite* ou *à gauche* fait aux voitures qu'on veut faire converser ;

les conversions du second genre s'exécutent au commandement *Tournez — à droite* ou *à gauche*.

Dans l'une et l'autre manière de converser, chaque voiture doit décrire un arc de cercle d'une grandeur proportionnée à sa distance au pivot, de manière à toujours conserver son intervalle du côté où il est placé, et avec une vitesse telle que, dans chaque moment de la conversion, toutes les voitures soient alignées du côté de l'aile marchante. Lorsqu'elles perdront leurs intervalles, elles devront les reprendre sans *à-coup* et toujours en gagnant du terrain en avant.

172. Pour mettre ces principes en pratique, l'instructeur disposera les voitures sur un rang, fera placer un brigadier à chaque aile, et commandera :

1. *Garde à vous*,

2. *En cercle à droite*,

3. MARCHE.

173. *Au troisième commandement*, la première voiture tourne à gauche en décrivant le plus petit arc possible ; toutes les autres règlent leur marche conformément à ce qui a été prescrit, les soldats portant les yeux alternativement vers l'aile marchante, pour régler la vitesse de leur allure, et vers le pivot, pour conserver leur intervalle.

L'instructeur arrêtera la conversion en commandant HALTE, puis *A gauche* — ALIGNEMENT et FIXE.

On fera marcher en cercle à gauche d'après les mêmes principes.

174. Les voitures étant en marche sur un rang, l'instructeur commandera :

1. *Garde à vous,*

2. *Tournez—(à)* GAUCHE (par exemple),

3. *En —* AVANT — GUIDE A DROITE.

175. *A la seconde partie du deuxième commandement,* la quatrième voiture continuant de marcher de la même allure, toutes celles placées du côté du pivot ralentissent la leur, celles qui se trouvent du côté de l'aile marchante l'augmentent, chacune de manière à conserver l'alignement pendant la conversion, la voiture *pivot* décrivant un arc de cercle de vingt pas de rayon.

176. *Au troisième commandement,* toutes les voitures reprennent l'allure primitive et se conforment aux principes de la marche directe (166).

177. Quand les jeunes soldats exécuteront correctement *au pas* chacun des détails qui font l'objet de cette leçon, on les leur fera répéter *au trot.*

SECONDE PARTIE.

INSTRUCTION SUR LA CONDUITE DES VOITURES.

L'École du soldat du train ayant enseigné tous les moyens élémentaires de la conduite des voitures, il reste à indiquer l'application de ces moyens aux diverses circonstances qui peuvent se présenter dans les marches.

Pour remplir cet objet, cette seconde partie est divisée en trois articles :

Le premier est relatif aux difficultés qui peuvent naître de la nature des chemins ;

Le second aux accidens que peut présenter le terrain ;

Le troisième, aux soins qu'exigent quelques circonstances particulières.

Enfin, sous le titre d'*appendice*, on indiquera quelques dispositions étrangères à l'instruction du soldat du train, mais qui sont nécessaires pour compléter cette seconde partie, laquelle, s'adressant plus particulièrement aux officiers et aux sous-officiers, doit réunir tous les renseignemens qui peuvent leur être utiles dans les diverses parties du service.

ARTICLE PREMIER.

DIFFICULTÉS DU TERRAIN.

Marcher.

178. Quelle que soit la nature du terrain, il faut, avant de mettre une voiture en mouvement, que les traits des chevaux soient également tendus, afin que tout l'attelage fasse effort en même temps et sans *à-coup*.

179. Si le terrain présente au départ des difficultés telles que sillons, ornières, maré-

cages, etc., il faut diriger les chevaux obliquement, afin de faciliter les mouvemens des roues de devant et par suite celui de la voiture, et ensuite obliquer dans le sens opposé pour prendre la direction convenable : toutes les fois que la nature de l'obstacle ne s'y oppose pas, il est avantageux de commencer par obliquer à gauche.

180. Si le terrain est généralement difficile, les voitures laisseront entre elles quatre ou cinq pas de distance pour que chacune puisse choisir son chemin. Les soldats tiendront les jambes près et activeront le sous-verge, afin que l'allure soit franche et décidée; on veillera à ce que, dans aucun cas, les chevaux de derrière ne soient plus ménagés que ceux de devant.

181. Pendant les marches, les officiers s'arrêteront fréquemment pour voir défiler la portion de la colonne dont ils ont la surveillance, et s'assureront ainsi que les voitures marchent en ordre, que les sous-officiers et brigadiers sont à leurs postes et surveillent convenablement les voitures qui leur sont confiées.

Monter.

182. Si la montée est rapide et courte, les soldats auront les jambes près, et tiendront les chevaux en main, sans les contraindre; la distance d'une voiture à l'autre sera de

huit ou dix pas, l'allure sera décidée : on exigera que le sous-verge emploie toute sa force, en l'excitant avec le fouet, s'il est nécessaire. La montée franchie, on marchera au petit pas pendant quelques minutes, afin de rétablir les distances ordinaires et pour faire reprendre haleine aux chevaux : on les remettra ensuite à l'allure habituelle.

183. Si la montée est longue, rapide, et que le chemin soit en mauvais état, il faut, sans hésiter, faire dételer les chevaux de devant de la seconde moitié des voitures et les atteler sur celles qui composent la première moitié ; les soldats seront à pied, ceux qui conduisent les chevaux du milieu marcheront du côté des sous-verges pour les surveiller, les autres à côté de leur porteur : les chevaux seront laissés à leur allure ordinaire. Arrivé en haut, on détellera tous les chevaux de devant pour atteler et monter de même les dernières voitures. (a).

184. Quand on double avec des attelages à six chevaux, les soldats qui conduisent les chevaux du deuxième et du quatrième rang, doivent marcher à côté des sous-verges.

185. Quelles que soient les difficultés du terrain, il ne faut pas atteler plus de dix chevaux sur chaque voiture ; au-delà de ce

---

(a) Si la montée est couverte de glace, il faut la casser ou jeter de la terre dessus.

nombre, et déjà même alors, il devient très-difficile de faire agir avec ensemble un si nombreux attelage, et l'on est exposé, par le défaut d'accord, à des retards et à des accidens.

Descendre.

186. Les soldats du train ne doivent jamais mettre pied à terre dans les descentes : celui qui conduit les chevaux de timon doit tenir son porteur en main et son sous-verge très-court ; les traits des chevaux de devant, à peine tendus, ne doivent faire aucun effort sur la volée.

Enrayer.

187. Lorsqu'il est nécessaire d'enrayer, le soldat de derrière, toujours chargé de cette opération, doit avoir soin de faire passer la chaîne d'enrayage entre deux rais où se trouve une jonction de jantes, afin que le frottement de la roue ne s'opère pas sur les clous des bandes.

Avant de mettre pied à terre pour désenrayer, il est convenable de faire un peu reculer la voiture.

Tournans difficiles.

188. Dans les tournans difficiles, soit par la nature du terrain, soit parce que le coin qu'on doit passer forme un angle beaucoup

au-dessous de quatre-vingt-dix degrés, il
faut, pour tourner à gauche, par exemple,
obliquer à droite le plus possible avant d'arriver au tournant, tourner ensuite à gauche
de manière à passer près de l'obstacle sans le
toucher, et se prolonger vers la droite de la
route autant que le permet sa largeur. Si la
longueur de l'attelage présente quelque difficulté pour l'emploi de cette méthode, il faut
dételer les chevaux de devant; enfin, si ce
dernier moyen est insuffisant, il devient
nécessaire de porter l'arrière-train de la
voiture.

ARTICLE II.

ACCIDENS DU TERRAIN.

Franchir un mauvais pas.

189. Pour éviter d'être arrêté par un mauvais pas, il convient de faire marcher chaque
voiture à huit ou dix pas de celle qui la précède; on place ensuite, au point où l'obstacle présente le plus de difficulté, un sous-
officier chargé de recommander aux soldats
de tenir les jambes près et d'activer le sous-
verge par un coup de fouet, afin d'augmenter
l'allure et de faire tirer les chevaux ensemble
et avec force.

L'obstacle franchi, on ralentit l'allure pour
calmer les chevaux et faire reprendre les distances ordinaires.

Passer un fossé.

190. Pour passer un fossé, une tranchée ou un ruisseau profond, il faut, comme dans le cas précédent, augmenter la distance entre les voitures et placer un maréchal-des-logis au point où l'obstacle doit être franchi ; ce sous-officier indique les mêmes moyens qu'au passage d'un mauvais pas (189), et prescrit de plus de couper diagonalement le fossé en y engageant successivement les roues d'un même train.

191. A la prolonge, après que les chevaux et l'avant-train ont franchi l'obstacle, il faut faire tendre la prolonge avec précaution, et n'agir avec force que quand la crosse est dégagée de la crête du fossé, de manière à ne pouvoir y être arrêtée.

Passer un gué.

192. Quand le fond ou la sortie d'un gué présente des difficultés, il faut doubler les attelages et placer deux sous-officiers l'un à l'entrée, l'autre à la sortie : le premier fait observer les distances et prévient les soldats de ce qu'ils ont à faire ; l'autre les dirige à la sortie du gué.

Ici encore l'allure des chevaux et la manière de les conduire sont absolument les mêmes que pour franchir un mauvais pas ; mais surtout il faut éviter qu'ils boivent, qu'ils trottent ou qu'ils s'arrêtent, soit en

passant le gué , soit à sa sortie : à cet effet,
les soldats doivent constamment animer leurs
chevaux du fouet ou de la voix , et les tenir
dans les mains et dans les jambes jusqu'à ce
qu'ils soient sur la rive opposée.

ARTICLE III.

SOINS QU'EXIGENT QUELQUES CIRCONS-TANCES PARTICULIÈRES.

Passage des ponts militaires.

193. A l'entrée du pont , les officiers , sous-officiers et soldats mettront pied à terre ; les
soldats dégageront les rênes de dessus la tête
de leur porteur et les saisiront comme pour
défiler (99); on laissera vingt pas de distance
d'une voiture à l'autre , et elles marcheront
d'une allure ralentie. Si le tablier du pont est
mouillé , les soldats redoubleront d'attention
pour empêcher les chevaux de glisser.

194. Pour passer sur un *pont-volant* , les
soldats, après y avoir placé leurs voitures ,
dételleront les chevaux et , leur faisant face ,
les tiendront en saisissant les rênes comme
au n.º 40.

Si la rivière est houleuse ou que le passage
s'opère de nuit , il faut enrayer les voitures.

Marches de nuit.

195. Dans les marches de nuit, la surveil-

lance des officiers et sous-officiers sera plus soutenue et plus rigoureuse que dans les marches de jour. Ils veilleront à ce que les soldats ne dorment point à cheval, à ce que chaque voiture soit constamment à un pas de celle qui précède et dans la même voie; ils ne souffriront pas que les soldats mettent pied à terre sans y être autorisés; à chaque halte, et avant de monter à cheval, ils leur prescriront de soulever et de tirer à eux les traits de leurs chevaux pour s'assurer qu'ils ne sont pas empêtrés.

Marche dans un bois.

196. Dans ces marches, souvent obligés de baisser la tête pour se garantir des branches et branchages, les soldats doivent avoir l'attention de ne jamais fermer les yeux, s'ils ne veulent s'exposer à des accidens graves. Souvent aussi les chemins sont étroits, encaissés, les ornières profondes et le terrain glissant; comme alors on ne peut *cartayer* (a), il faut mettre pied à terre et conduire les chevaux par le milieu de la rêne gauche de la bride, sans dégager la droite, afin de pouvoir les abandonner momentanément sur le cou du cheval quand le chemin ne permet pas de continuer à les tenir.

(a) On appelle *cartayer*, mettre une ornière entre les chevaux et entre les roues de la voiture.

APPENDICE.

Formation d'une compagnie en bataille.

197. La compagnie sera formée sur deux rangs ; les attelages seront rangés entre eux, de la droite à la gauche, dans l'ordre qui sera déterminé par l'ancienneté des soldats ; les chevaux de derrière seront conduits par les plus anciens soldats.

La compagnie sera partagée en deux *divisions*, nommées *première* et *seconde*.

Chaque division formera deux *subdivisions*, appelées *première* et *seconde* dans la division de droite, *troisième* et *quatrième* dans la division de gauche.

Le capitaine sera placé au centre de la compagnie, la croupe de son cheval à un pas en avant des premiers chevaux ;

Le lieutenant, au centre de la première division ; le sous-lieutenant au centre de la seconde, également à un pas en avant des premiers chevaux.

Le maréchal-des-logis chef sera placé en serre-file derrière le centre de la seconde subdivision, la tête de son cheval à un pas de la croupe des chevaux du second rang ;

Le premier maréchal-des-logis, en serre-file derrière le centre de la troisième division ;

Le second maréchal-des-logis, en serre-file derrière le centre de la première sub-division ;

Le fourrier, en serre-file derrière le centre de la quatrième subdivision ;

Les troisième et quatrième maréchaux-des-logis, l'un à droite de la première division, l'autre à gauche de la seconde, ne comptant pas dans le rang ;

Les premier et second brigadiers, l'un à droite, l'autre à gauche du premier rang de la première division, comptant dans le rang.

Les troisième et quatrième brigadiers seront placés de même dans la seconde division ;

Les deux ouvriers formant une file, à la gauche de la compagnie, le maréchal-ferrant au premier rang ;

Les deux trompettes à six pas de la droite de la compagnie et sur l'alignement des serre-files.

198. Quand on rompra par subdivision, le lieutenant commandera la première ; le sous-lieutenant marchera à la tête de la quatrième ; le maréchal-des-logis chef et le premier maréchal-des-logis prendront chacun le commandement de la subdivision derrière laquelle ils sont en serre-file ; ils se porteront en avant, en passant du côté du pivot au moment de la conversion. Les trompettes marcheront six pas en avant des officiers placés à la tête de la colonne.

Place des officiers et sous-officiers dans la colonne de route, lorsque les chevaux sont attelés ou quand ils sont haut-le-pied.

199. Le capitaine se portera partout où il jugera sa présence nécessaire ; mais il marchera habituellement à la tête de la colonne, quatre pas en avant des premiers chevaux.

Le lieutenant et le sous-lieutenant marcheront sur le flanc gauche de leur division, à hauteur de la première voiture ou de la première file.

Les sous-officiers et brigadiers placés à la droite et à la gauche de la compagnie, ainsi que les deux ouvriers, conserveront la même place qu'en bataille.

Tous les autres sous-officiers et brigadiers marcheront sur le flanc droit de leur sub-division, les sous-officiers à hauteur du centre, les brigadiers à hauteur de la gauche.

Les trompettes marcheront à six pas en avant du commandant de la colonne.

S'il y avait des hommes à pied, ils marcheraient, sous le commandement d'un maréchal-des-logis ou brigadier, à vingt pas de la queue de la colonne.

Mode de remplacement des hommes et des chevaux hors de combat.

200. Pour suppléer aux hommes et aux

chevaux mis hors de combat, on emploîra d'abord ceux qui pourront être fournis par la réserve; cette ressource étant épuisée, le service sera assuré de la manière suivante.

Remplacement des hommes.

201. Dans un attelage à quatre chevaux, l'un des soldats venant à manquer, le second conduit les chevaux de derrière et dirige les chevaux de devant au moyen de deux guides faits avec des cordes à fourrage; si les circonstances ne lui permettent pas de placer ces guides, il conduit les chevaux de devant.

202. Dans un attelage à six chevaux, le premier homme manquant est remplacé par celui qui conduit les chevaux de volée; s'il en manque deux, celui qui reste conduit les chevaux de derrière, et les chevaux de devant sont donnés au soldat qui conduit les chevaux de volée du caisson le plus voisin auquel il ne manque personne.

203. Dans aucun cas, on ne doit laisser un soldat seul à une voiture qu'après avoir employé au remplacement des hommes manquans les trompettes et les brigadiers qui se trouvent à la batterie (a).

(a) Le brigadier dégage les rênes de son cheval, et les passe sur l'attelle droite du sous-verge.

Les rênes de la bride du cheval de trait privé de son cavalier, sont engagées sur le pommeau de la selle.

204. Les sous-officiers et brigadiers se suppléent entre eux de manière qu'il y ait, autant que possible, un maréchal-des-logis ou brigadier par subdivision.

Remplacement des chevaux.

205. Dans les batteries attelées de quatre chevaux, les attelages des pièces seront tenus au complet aux dépens des attelages des caissons.

Les remplacemens, soit pour les chevaux des pièces, soit pour ceux des caissons eux-mêmes, se font de la manière suivante :

Le premier cheval hors de combat est remplacé par le sous-verge de devant, et les traits du porteur sont fixés un à chaque palonnier ou aux extrémités de la volée.

Le second cheval hors de combat est remplacé par le sous-verge de devant d'un caisson dont l'attelage est encore complet, ou, à défaut, par le porteur du devant du même attelage.

Lorsque les attelages des caissons sont réduits à deux chevaux, les remplacemens s'opèrent dans les pièces elles-mêmes, ainsi qu'il vient d'être dit pour les caissons.

206. Dans les batteries attelées à six chevaux, les deux premiers chevaux hors de combat sont remplacés par les chevaux de devant, en prenant d'abord le sous-verge.

On réduit de cette manière les attelages

des caissons à quatre chevaux, et ensuite les remplacemens des chevaux perdus par les pièces se font dans leurs attelages mêmes.

· 207. Dans les attelages des pièces à huit chevaux, les deux premiers chevaux hors de combat sont remplacés par ceux de devant, en commençant par le sous-verge.

Lorsqu'ensuite les pièces et les caissons se trouvent à six chevaux, on procède comme ci-dessus.

208. Enfin, toutes les fois que le service l'exige, on attelle les chevaux des trompettes et des brigadiers, et, à la rigueur, ceux mêmes des sous-officiers, en se servant des harnais des chevaux hors de combat.

Manière de placer les fourrages.

209. La trousse faite, on prend le bout libre de la corde à fourrage, qu'on fixe, par un nœud allemand, sous le caisson, à droite, au boulon assemblant le milieu des brancards : la longueur de la corde, prise du boulon à la trousse, doit être de trois pieds, afin que, lorsque la trousse est sur le caisson, la corde n'en dépasse l'arête que de deux ou trois pouces

On place un bouchon de paille ou de foin sur l'arête supérieure du couvert, un second sur l'arête latérale, et un troisième sur le brancard ; ces bouchons sont destinés à empêcher le frottement de la corde : si l'on est obligé d'ouvrir le caisson, on jette la trousse à terre sans la détacher.

On peut consolider la trousse au moyen d'une corde ou d'un lien de paille qu'on passe dans la corde à fourrage et dans le grand anneau de la chaîne d'enrayage.

210. Le sac d'avoine est placé sur l'extrémité antérieure des brancards du caisson, où on le fait reposer sur des bouchons de paille ; on l'assujettit au moyen d'une corde qui entoure le sac et qu'on attache ensuite aux anneaux destinés à cet usage.

NOMENCLATURE DES HARNAIS.

HARNAIS A L'ALLEMANDE.
(Pl. XLVI.)

A *Collier.*
- b *Corps du collier.*
- c *Verge.*
- d *Attelles.*
- e *Sommier.*
- f *Boulons.*
- g *Housse.*
- h *Billots.*
- i *Billotins.*
- k *Attaches de harnais.*

B *Traits.*
- l *Patte du trait.*
- m *Ganse du trait.*

C *Fourreaux.*

D *Boucleteaux.*

E *Surdos.*

F *Porte-traits.*

G *Sous-ventrière.*

H *Contre-sanglon de sous-ventrière.*

K *Avaloire.*
- n *Bras du haut.*
- o *Bras du bas.*
- p *Branches.*
- q *Coussinet et sa couverture.*
- r *Attaches de harnais.*
- s *Anneaux d'avaloire.*
- t *Croupière.*

L *Plate-longe.*

M *Anneaux d'alliance.*

N *Anneaux d'attelage.*

O *Bride de sous-verge.*
- u *Frontal, formant sous-gorge et contre-sanglon.*
- v *Montans.*
- x *OEillères.*
- y *Rênes.*
- z *Longe.*

P *Fouet.*
- 1. *Manche.*
- 2. *Virole.*
- 3. *Accouple.*
- 4. *Longe.*
- 5. *Cordon.*

HARNAIS A LA FRANÇAISE.
(Pl. XLVI *bis.*)

A *Collier de limonier.*
- a *Croissans.*
- b *Lanière pour fixer les croissans.*
- c *Mancelles.*

B *Sellette de limons.*
- d *Siége.*
- e *Courbes.*
- f *Panneaux.*
- g *Housse de toile.*
- h *Sangle de cuir.*
- i *Contre-sanglon.*

C *Avaloire.*
- k *Chaînes d'avaloire.*

D *Dossière, vue de face.*

D' *Dossière en partie développée.*
- l *Rouleaux.*
- m *Ceinture de dossière.*
- n *Traverse.*

E *Sous-ventrière.*
- o *Boîte de sous-ventrière.*
- p *Passans.*
- q *Contre-sanglon.*

TABLE DES MATIÈRES.

DEUXIÈME PARTIE DU TITRE II.

TITRE IV.

Instruction spéciale du train.

PREMIÈRE PARTIE.

SECONDE PARTIE.

FIN DE LA TABLE.